before＆afterでわかる！

研究主任の仕事

アップデート

庄子寛之
蓑手章吾
館野　峻
著

明治図書

はじめに

平成が終わり，令和という新しい時代がはじまりました。新型コロナウイルスなどの予測不可能なことが起こるVUCAの時代，今までの常識が通用しなくなってきており，教育現場の「当たり前」が見直されてきています。

当たり前です

この常識は，教育界以外では，当たり前じゃなかったのですから。

子どもたちの中に反発する子がいたら，ご自身の教育観を改めて疑い，学び直し，アップデートすることが必要です。悪いのは子どもでも，教師でもありません。誰でもないのです。時代の変化が大きな原因なのです。

私たちは，もっともっと学ばなくてはいけません。自分の中にある常識を疑い続け，未来の教育を考え続けなければ，日本は世界から遅れていってしまうでしょう。

人の常識を疑うことは簡単です。しかし，自分の常識を疑うことは，とても困難なことです。それでも，アップデートしなくてはなりません。自分の常識を壊し，新しい常識をつくるのです。

「学ぶ」と言うと，「もっと教材研究をしろと言っているのか」とおっしゃる人がいます。私が言いたいのはそういうことではありません。働き方改革と言いながらもなかなか進まないこの時代，これ以上教師に負担をかけることはあってはいけないと心底思っています。

では，どうすればよいのでしょう。

勤務時間内で学べる，校内研究の学びを変えるのです

ところで，みなさんの学校の校内研究は，どうなっていますか？

「やらなければいけないからやっている」
「正直，負担」
「自分が研究授業の担当にならないようにと思っている」
「研究協議会はウトウトしてしまう」
「講師の話がつまらない」
「そんな時間があれば，教材研究がしたい」
「研究発表の負担が大きすぎる」
そんな声が聞こえてきます。

学びにはなるものの，負担が大きいのが校内研究。やった分の学びが，子どもたちに返されているかというと疑問が残りますよね。

本書は，校内研究や研究主任としての仕事を「ちょっと」アップデートすることで，楽しく有益なものにしようという本です。

３人の著者は，今までの校内研究とは，かなり違ったものに挑戦しています。成果は大きいものの，まだまだ受け入れられない同僚の先生方がいたことも事実です。そのような中でも，子どもたちのために，学びを深めたいと思いながら悪戦苦闘してきました。今回，３章ではそれらのエピソードをもとに，校内研究や研究主任の仕事をどうアップデートすればよいのか，before & after 形式で示しました。

また，１章では，月ごとの基本的な研究主任の仕事の概説とポイントの解説をしています。「守・破・離」といいますが，研究主任になったからには，まず基本の流れを押さえることが大切です。１年間の見通しをもって，その中で自分の色のある研究にしていけるといいのかなと思っています。まずやることを明確にし，みんながよかったと思える研究を行いましょう。みなさまの学校の校内研究に，少しでも役立つことができたらうれしいです。

庄子　寛之

目次

3章 before & after でわかる！研究主任の仕事アップデート

ICT

1章

さぁ，研究主任の仕事をはじめよう！

4月

1 年間計画の作成がカギだと認識しよう

やることリスト

□年間計画の作成
□研究主題の作成
□研究構想図の作成
□分科会の構成

配慮と年間計画の作成

研究主任になってはじめての仕事は，**年間計画の作成**です。ただでさえ忙しい4月なのに，研究主任はさらに忙しいです。他の先生も自分の学級のことでいっぱいいっぱいの中，どれだけ関心を向けてくれるかが勝負です。

前年度の研究主任が，３月までにある程度形にしてくれていると随分楽なのですが，形になっていることは少ないかもしれません。形がないということは，様々なやり方でできるということでもあります。プラスに考えてくださいね。

年間計画を作成するためには，教務の先生との連絡を密に行わなくてはなりません。研究授業や研究全体会の予定を年間計画に入れながら，どういう見通しで１年間を過ごすのかイメージしてください。はじめて研究主任になる方はわからなくて当然です。周りの人に何度も聞くようにしましょう。

実は校内研究は，必ずやらなくてはいけないものではありません。全国どこでも行われているように感じますが，校内研究がない学校もあるのです。「今までの学校でこうだったから……」と自分で決めつけて行うと，周りの

先生から，
「今までそんな研究してなかった」
「今年になって，なんでそんなに変えるのか」
「去年までの反省を生かしていないんじゃないか」
とご意見をいただくことがあります。

４月の段階でうまくスタートをきらないと，それから１年間全員で校内研究を進めていくことが難しくなります。

最も大事なことは**「謙虚さ」**です。あなたはたくさん学んでいるから研究主任にと言われたのかもしれませんが，他の先生も学んでいるという基本姿勢を忘れないようにして，周りの先生と接することが大切です。

周囲の観察と依頼の仕方

研究主任が進める校内研究ではなく，みんなのためにみんなで進める校内研究であることを忘れないようにしましょう。そうすれば，研究に前向きな一部の人だけの学びではなく，研究に対して後ろ向きな人も含めて全員の校内研究になることと思います。

まずは，次ページにあるチェックリストを見ながら，１年間の見通しを立ててみてください。抜けていることがたくさんあると思います。

抜けていることが見つかったら，その仕事をがんばってやるのではなく，誰にふるのかを明確にしましょう。それもただ「やって」ではなく，「○○先生だから適任だと思います。お願いできないでしょうか？」と聞いていきましょう。きっと引き受けてくれる人が増えると思います。

素直に許諾していただくには，日々の態度が大事です。研究主任だからってえらそうにせず，謙虚な姿勢は忘れないでおきたいものです。そして，管理職との橋渡しに徹すること。自分が目立ちすぎないことも，よい研究を行う上でとても大切なことです。

はじめての研究主任のための仕事チェックリスト

4月	【年間計画・研究主題・研究構想図の作成・分科会の構成】 □　子どもの実態を話し合う時間を設ける □　子どもの実態について教師の考えをアンケートでとる □　子どもの実態をもとに出てきたキーワードをまとめ，仮の研究主題をつくる □　分科会をどのような形にするのか考える □　周りの先生たちに，どんな研究がよいのか個別に話す □　研究授業は年間何本にするのか学校長と話しておく（このとき，周りの先生たちがどれくらいやりたいと言っているのか事前調査を忘れずに） □　年間計画を，教務の先生と事前に合わせておく □　年間講師をどなたにするのか考える（腕の見せ所 !!） □　５月の研究全体会の計画，研究推進委員の中での仕事を分担する
5月	【研究全体会の計画】 □　講師の先生との事前打ち合わせを行う □　講師の先生の講義だけにならないようにする場の工夫を考える □　事前に講師の先生に聞きたいことについてアンケートをとる □　６月の授業研究者と打ち合わせを行う □　授業研究の指導案のフォーマットを作成する
6～7月	【授業研究の実施・教室掲示や日々の授業改善】 □　第１回授業研究の準備，分科会との打ち合わせを行う □　第１回授業研究に向けて，研究推進委員会の中で仕事の分担を行う（司会，記録，ビデオ，写真，会場準備，式次第，講師謝礼など）
夏休み	【現状の整理・２学期への準備】 □　１学期に使った教材を各学年で整理するよう伝える □　学校掲示の計画・分担を行う □　２学期からの授業研究の準備を依頼する □　ここまでの成果を研究紀要にまとめる

9～12月	【授業研究の実施・教室掲示や日々の授業改善】 □　第２回以降の授業研究の準備，分科会との打ち合わせを行う □　第２回以降の授業研究に向けて研究推進委員会の中で仕事の分担を行う （司会，記録，ビデオ，写真，会場準備，式次第，講師謝礼など） □　研究の日常活動化の提案をする （朝会・夕会での授業の様子の報告，授業を見合う文化の育成，教科に関しての豆知識の紹介，模擬授業の形式化など）
冬休み	【研究のまとめの準備】 □　研究主任が，今年の研究をどう見たのか成果と課題をまとめておく □　研究紀要の準備，作成費用と日時を事務と相談する □　来年の研究をどうするのか，周りの先生に聞いておく □　最後の研究授業の準備状況の把握をする
1月	【授業研究の実施・教室掲示や日々の授業改善】 □　最後の授業研究の準備，分科会との打ち合わせを行う □　研究紀要のまとめの分担を行う（12月には出しておくのが望ましい） □　今年度の研究の成果と課題，来年度の研究で何がしたいのかアンケートをとる
2月	【研究のまとめ】 □　授業研究の成果と課題をまとめ，職員に配付する □　来年度，どの研究を行うのかアンケート結果を発表する （研究全体会で，一から全員で話し合うことのないようにする） □　研究紀要を完成させる （自校で印刷する場合は３月でもかまわないが，３月は忙しいのでできる限りはやめに行う）
3月	【次年度に向けての準備】 □　研究教科を決定する □　来年度の研究主題を決定する □　研究主任が４月に配付する資料を作成する （学校長や教務と相談して，来年度の授業本数や，日時を事前に決めておけるとよい）

5月

2 研究全体会の計画をしよう

やることリスト

□年間計画の作成

研究全体会の意図を共有する

５月には，１回目の研究全体会が行われることが多いです。

一番大事なことは，「この研究をやりたい」と，教師全体に共有してもらうことです。

教師にとって最も忙しい４月を過ごしていると，あっという間に第１回研究全体会が行われます。

研究主任は，この日に向けての準備がとても大切になります。しかし，周りの先生はどう思っているでしょう。忙しい中，研究全体会なんて面倒だと感じている人もたくさんいます。私も研究主任になるまではそうでした。

なぜ研究全体会をこの時期に行うのか

一番大事なことは「なぜ研究全体会をやるのか」ということを，全教師に伝えておくことです。そもそも研究全体会をこの時期に行わなくてはならないというきまりはありません。研究全体会を，研究する教科の講師の講演会にする必要もありません。

全教師が「この研究を今年やりたい」と思って終えることが大切です。

そのために，準備が大切なことは言うまでもありません。

まずは，どのような研究全体会にしたいのか，職員室の雰囲気をしっかり感じ取りながら考えることが必要です。その雰囲気を感じ取るためには，いろいろな先生に聞きに行きましょう。聞きに行くのは，仲のよい先生だけではいけません。あまり話さない先生も含めて，できるだけ多くの人に聞きましょう。苦手意識をもたないことが，これからの研究の深まりを変えることになります。また，自分が１年間よい職場で働くことともつながってきます。

雰囲気を感じられたら，講師を呼ぶ必要があるのか，研究主任はどのような立場で研究全体会を支援する必要があるのかを考えましょう。例年通りが一番だめ。そして，例年とまるっきり違うのは二番目にだめです。昨年度から，一歩進んだ研究にするための研究全体会にしましょう。

大枠が決まれば，

・管理職と講師についての打ち合わせ
・講師への連絡，講師に話してほしいことの検討
・講師に聞きたいことの調査
・当日の靴箱や案内看板の作成
・式次第の作成
・講師の肩書きの調査
・夜の会の準備

などやることはたくさんあります。

研究主任は学級担任が兼務していることがほとんどだと思います。自分ひとりでやらずに，みんなに助けを求めることも大切です。研究主任が面倒だと思っている研究を，周りの先生たちが楽しいと思うはずがありません。研究全体会でよいスタートをきって，１年間楽しい研究にしたいものです。

6月～12月

3 授業者とともに研究授業をつくろう

やることリスト

□授業研究の実施
□教室掲示や日々の授業改善

分科会の大枠をつかむ

いよいよ一番大事な授業研究を本格化させる時期です。これから年間3本か4本，または6本の研究授業を行っていくことになると思います。ここで大切なことは，研究主任がすべての分科会の大枠をつかんでおくことです。

従来通り行うと，低・中・高学年の先生でまとまって授業研究をしていくという流れになります。その授業者はどのようにして決まったのでしょうか。誰も立候補せず，結局若い先生か，異動してきた先生がやることになった学校はとても危険ですが，ほとんどの学校がそうではないでしょうか。少なくとも私がいた学校では，常にそのような現象が生まれていました。やりたくない人が授業研究をすることほどもったいないことはありません。

さて，そんな状態で授業者が決まりますが，授業の大枠はその授業者が決めることがほとんどです。授業者のサポートは研究主任が率先して行います。このとき，ともに考え，学ぶ姿勢が大切です。そして，話しやすい授業者だけに話しかけるのではなく，苦手な授業者にも積極的に話しかけ，サポートしていくことが大切です。事前の準備や，講師依頼などやることはたくさんありますが，なによりしなくてはいけないことは授業者のサポートであることを忘れないようにしましょう。

けれど一番大切なことは授業改善

「研究の教科が○○だから，研究授業や研究の科目だけはがんばる」ということはよくあることです。研究の科目をがんばるのだから，まだよい方でしょう。校内研究は義務ではなく，権利。「やらなければいけないもの」ではないのです。「研究授業をやらなければいけないから，○○の教科をがんばる」のではなく，「日々の授業をよりよくしたいから，研究授業をやって，日々の授業もよりよくする」ということが，本来の目的なのです。

研究授業が規定の回数終わると，研究も終わったような雰囲気になる学校がたくさんあります（うちの学校もまだまだそのような雰囲気になる先生がたくさんいます）。そうではないのです。研究授業で学んだことを，日々の授業に生かしていくことが大切です。

しかし，生かすだけでは，どう成長したのかがわかりません。わかるのは自分だけ。自分の授業力は上がるかもしれませんが，それを校内に発信してこそ，校内研究になり，先生全員の成長につながります。そしてなにより，発信することで，自分が自分に伝えることになり，自分の学びになります。

日々の授業を発信する

日々の授業を発信するために研究主任がすることは，

①朝会や夕会などで，研究の科目の授業実践の事後報告をしてもらう機会をつくる

②研究推進委員が見に行って，その感想をＡ４サイズ１枚のレポートにし，置いておく

③いつ，誰が授業をするか伝え，あいている先生方が見やすい環境をつくる

などがあります。みんなで見合うことで，教師同士の会話も増え，よい職員室になっていくことでしょう。

1月～2月

アンケートで成果と課題を共有しよう

やることリスト

□研究のまとめの準備
□次年度の研究に向けた準備

研究のまとめをする

年間の授業研究が終わると，研究主任はほっとするものです。しかし，ここからが研究主任の腕の見せ所です。今年の研究の成果と課題を明確にし，次年度につなげていかなくてはいけません。成果と課題は，この時期にではなく，毎回の授業で明確にしておきましょう。その積み重ねが，学校全体の研究になります。

まずは，成果と課題についてのアンケートをとりましょう。ただ漠然とアンケートをとると，何を書けばよいか悩んでしまい，後回しにしてしまう先生もたくさんいます。夕会などで時間を確保して一斉に書いてもらうのもよいと思います。まとまったら，それを踏まえて次年度の研究をどうするのか考えます。学校長の意見が最優先ですが，教師の意見を伝える橋渡し役になることが大切です。様々な意見が出ますが，決して多数決で決めることなく，書いてくれた一人ひとりに意見を聞きに行きます。その教科をやりたいと強く思う人もいれば，ただ書いただけという人もいます。それらの意見を踏まえて，学校長や研究推進委員会で話し合って多くても２つ程度の意見にまとめます。全体会での時間をできる限り短くすることが，教師のみなさんの時間の確保にもつながります。

3月

5 次年度を見越して，成果と課題を整理しよう

やることリスト

□研究紀要の作成

□次年度の研究の概要決定

今年度の研究の成果と課題がまとまり，次年度の研究が決まれば，最後に行うことは「研究紀要の作成」と「次年度の研究の概要決定」です。

まず，研究紀要は必ず作成しなくてはならないものではありません。実際に作成していない学校もありますが，１年単位で研究を進めている学校では，次年度につなげる意味でも研究紀要をまとめておくことが大切です。実際，次年度もその研究紀要を見ながら研究を進めることがよくあります。

研究紀要をまとめるためには，研究推進委員会の中での役割分担を明確にすることが大切です。何日までにまとめ，何部印刷してもらうか伝えましょう。自校印刷の場合，忘れがちな表紙，学校長あいさつ，研究にかかわった先生方などへの割り振りも忘れずに。

この作業と並行して，次年度の研究の概要も決めておきましょう。次年度も自分が研究主任になることが必須の場合は絶対ですし，どなたかに引き継ぐ場合でも，ある程度の概要を決めておくことが必要です。

子どもの実態はほとんど変わらないはずですから，研究主題の仮案を３つ程度出しましょう。また，授業研究だけではなく，日常の授業でこれだけは来年度もやろうということを決めておくことが大切です。そうすることで，研究が生きた授業を行い続けることができます。大事なことは，研究を行うことではなく，研究を通してよりよい学校になっていくことです。つまり，子どもたち一人ひとりが楽しい学校をつくっていくことですね。　（庄子）

2章

校内研究，楽しみませんか？

オンライン座談会

校内研究や研究主任の仕事について，「正直，負担……」そんなふうに感じていませんか？
本章では，著者３人が「熱く」かつ「冷静に」どう校内研究をより実りのあるものにアップデートすればよいのか，語ります。

ネガティブなイメージを払拭しよう！

――教員の長時間労働が問題になる中で，校内研究自体を負担に感じている先生方も多いと思うのですが，校内研究にはどのようなイメージがあると思いますか？

庄子：負担に感じている人はいらっしゃいますね。教員は，大人１人対子どもという状態で過ごしているので，極論を言えば「職員が連携して研究しなくてはいけない……」という必要性を，感じていない人がたくさんいらっしゃると思います。
でも，よい職場だと生産性が上がり，結局は子どもたちに還元できると思うので，負担を感じている人に対しても，「やらなきゃいけない」ではなくて，「やるといいですよ」と，前向きになるアプローチをしています。

蓑手：校内研究は本来，学校現場にとって一番優先しなくてはいけないはずのことなんですけど，もし校内研究がなかったとしても，学校自体は問題なく運営されていってしまうんですよね。事務的なことだけでも，学校は回る。ただ，校内研究など教師力を高めるような研鑽をしっかりとやっていかないと，学校全体の教育力は上がらないと思うんですよね。一番大切なんだけれど，後回しにされているというか。

館野：私はネガティブなイメージをもつ人が多いのは，研修とか研究に対する失敗体験が重なってしまっているのかな……というように思っています。かなり多くの人が行政や学校で行っている研修や研究に対して，「つまらない」とか「意味がない」とか，いろいろな場面で感じたことがあるのではないでしょうか。
だから，いくら「楽しくやりましょう」とか「意味のあるものにしました」と言っても，そういう気持ちになれない阻害要因になっているのではないかな……と思います。

―――なるほど。やはり，どうしても負担感はあるのですね。それでは，どのようにして校内研究を進めていけば，ネガティブをポジティブにできるのでしょうか。ポイントがあれば教えていただけますか。

庄子：研究主任としては，「研究＝学べる」とか「研究＝楽しい」とするには，研究をやる気のない人にどうアプローチするかということが大事だと思っています。具体的には対話するしかないです。どんな先生でも，「よい学級経営」「よい授業」の考えをもっていらっしゃるので，それを認めて，「●●先生のやり方すばらしいですね！　私はこういう思いでこうやっているんですよ～」と仲良くなっていくことが大事だと思っています。

蓑手：それぞれの先生方の「私はこれが知りたい」っていうものを，校内研究の中で知れる……というのが大事かな，と思っています。やらされる研究じゃなくて，学びたいことを学べるような研究にする，ということでしょうか。

それと，もう１つ大事なのは成長実感ですね。「これが知れてよかった」とか「役に立った」とか。教師としての力がついているな……という，この２つは特に重要ですかね。

館野：私はちょっと視点が違って，校内研究でネガティブな人をポジティブにすることはなかなか難しいと思っています。

校内研究に対してネガティブな人たちって，だいたい職場でのコミュニケーションもうまくいっていないことが多い気がします。ですので，全体の職場環境がどうしたらよくなるのかという視点で，そのツールのひとつとして校内研究があるといいのかな……と思っています。校内研究は，授業力向上の重要なファクターなんだけれども，それ以上に組織力を上げるきっかけになるようなものだと思っています。

対話がカギ!?

――先生方のお話をうかがっていると，「協力的ではない先生とも対話する」というのがひとつの共通点なのかな……と思いました。それでは，対話の場所や環境というのは具体的にどのようにつくっていけばよいか教えてください。

館野：そうですね。研究主任が無理にアプローチしなくてもいいと思います。その人が話しやすい人からアプローチしてもらうとか，「ちょっと○○をお願いできませんか」と巻き込んでいくとか，いろいろな方法があると思います。

庄子：私は「苦手な人ほど話す」って決めています。先ほども言いましたが，どんな先生方にも優れた技術があります。自分にはない，その先生のいいところを見つけて興味をもつっていうところからはじめますね。意見を言うというのではなく，「そのプリントすごくいいので，くれませんか」とか「あの指導って，どうやっているんですか」ということをきっかけにします。絶対に経験を重ねた先生のすばらしいところはたくさんあるんです。ついつい自分が正しい，勉強しているってなりがちですが，絶対にそんなことはありません。そこを徹底することですね。

蓑手：学級集団もそうですけど，職員集団も勘所みたいなものがありますよね。中核となるような先生がいて，その先生が積極的になってくれると，教職員全体も積極的になるというか。日頃からリーダーシップをとってくれていたり，影響力があったりする先生へのアプローチが特に大事だと思います。

ネガティブな人といってもいろいろな人がいて，嫌々でもやってくれる人と，面倒だなということをはっきりと表に出す人がいます。表にはっきり出されると，全体の士気も下がるので，そこは見極めが必要ですかね。つまり，核になる人の目星をつけて，コミュニケーションをとっていくというか。庄子先生も言っていましたけど，その先生の大切にしていることとか，特技とか，あるんですよね。そういうものを見つけて研究に結びつけながら話をしますね。

――ありがとうございます。様々なアプローチで全体を前向きにしていくということが，校内研究をアップデートするためには重要だと感じました。

研究主任としての仕事術

——本書を読んでくださっている多くの方は，研究主任だと思います。そこで，研究主任としての仕事術で，特に大切にされていることがあれば教えてください。

蓑手：校内研究のテーマや方法を決める際は，特に気をつけるようにしています。教育界には様々な手法や方法論があるので，どちらがいいとか，自分の主張は受け入れられなかった……とかにならないように，共通了解を探って考えていくようにしています。一見逆に見えるような授業形態や方法も，思いという根っこの部分ではつながっているということもよくあります。

だから，誰かの案を採用する，というのではなくて，例えばＡとＢの案で対立するようだったら，Ｃの案という新しい提案をみんなでつくり出すというか。それぞれの教員が，自分事として研究にかかわれることを大切にしています。自分の関心事を他の同僚たちと協働しながら探究していくことで，一人ひとりの教員に変化の種が生まれていくような校内研究を目指していますね。

館野：私は，校内研究にかかわる先生たち一人ひとりが，「その場で学べた」「成長した」と思えるようにすることが大事だと思っています。私の学習観というか，教育観なんですけど，家庭も学校もすべてみんなが学習者なんだっていう価値観というか，世界観でつくれたらいいと思っています。

教師が正しくて教え込む……ということをなんとか変えていきたいという気持ちがあるので，子どもと一緒に教師も学ぶっていう価値観が伝わったらいいと思っています。

だから，「自分もそのチームの中で貢献できた」みたいな気持ちを大事にしたいと思っています。

庄子：私は「日々の活動（校内研以外の日）」と「講師選び」が大事だな，と思っています。どうしても研究主任は，校内研の日ばかりに力を注ぎがちですが，校内研究通信を出すなど，日々の教育活動を大切にすることで，校内研もうまくいくと思います。
講師選びは，みんながこの先生の話が聞きたい，学びたいという気持ちになる方をお呼びするのが大事だと思うので，気をつかっています。そのためには，人脈をつくっていくことが大切だと思います。

―――庄子先生は，Zoom（オンライン会議ツール）を使って講師の先生をお呼びして，校内研究会を開いたそうですね。そのあたりも，もう少しくわしく教えていただけますか。

庄子：オンラインで講師の方にお願いするメリットは時間の制約が少なくなるので，遠隔地でもお引き受けいただけやすいということです。
普段だと，講師依頼に文書で出して，指導案を１週間前に送って……という流れがあるのですが，メールでやりとりして「30分だけZoomで話していただく」というようなやり方もできるのではないかと思っています。
また，もし一方的な講話であれば，オンラインで十分なので，今後の校内研究の在り方を考えるきっかけにもなると思います。私も講師で全国に行かせていただくのですが，今年は６年の担任ですので，オンライン講師をたくさんしたいと思います。新型コロナウイルスもどうなるかわかりませんからね。

講師選びが実は重要!?

――講師選びについて，蓑手先生や館野先生は，何かご意見ありますか。

蓑手：Zoomを活用して，遠隔で講師とつなぐ庄子さんの実践，すごくいいですね。やったことがないので，ぜひやってみたいです。
先ほどの話とつながるんですけど，私が講師選びで意識しているのは，職場の中核となる人が，どういう講師の方が好みかを探っていくことです。
例えば，自分が研究主任を務める学校で，校内研究のテーマがプログラミングに決まったとしましょう。みんな，どのようにプログラミングの授業を行っていけばよいのかわからない。そんな期待と不安の中にいます。その職場には，みんなから尊敬されているベテランの教務主任の先生がいましたが，当初その先生は研究テーマにやや後ろ向き。そのような状態であれば，その中核的な先生に校内研究に前向きになってもらわないと，何も変わらないと思います。
例えばその先生が教科教育，中でも国語の研究を専門的にずっとやってきた方だったとしたら，国語とプログラミングをつなげて語ることができる方に講師をお願いします。国語教育に造詣が深く，学校現場への理解もあり，それでいてプログラミング教育にも否定的ではない方。難しく感じられるかもしれませんが，実際にそういう方はいます。例えば，授業づくりネットワーク理事長の石川晋先生などです。
講師の人選は，１年間の先生たちのモチベーションにもつながる，とても重要なポイントだと思います。妥協せず，先生たちのニーズをしっかり反映させた上で，コネクションを探っていきたいですね。

館野：私はちょっと変わってしまいますが，「講師を選べなかった」ということについて話そうと思います。
学校の研究主任は，おふたりみたいなコネクションをもっていない場合の方が多いだろうな……と思っていて，その辺が講師選びの難しさであると思います。選べる人は，すごく恵まれているんじゃないかな。選択肢をたくさんもっている人が研究主任だと，1年間の研究に沿った人とか，その職場に合った人とかを選べるので，いいな……と思いました。

――――蓑手先生は，実際に前原小学校の年間講師を石川晋先生にお願いしていますよね。もともとつながりがあったんですか？

蓑手：そうですね，ありました。館野さんのお話を聞いていて思いついたのですが，どんな人を講師に呼びたいか，職員にアンケートをとったらおもしろそうだなぁと。例えば「現場経験がある人がいい」とか，「あの人の話を聞きたい」とか。そういうアンケートをとってみたいですね。先生によっては，希望する講師の名前までは思いつかないという方もいるかもしれませんが，「こういう話ができる人に来てほしい」というような希望なら出せると思います。やはり，講師の先生によってモチベーションって，変わりますよね？
私は「小金井教育の日」という，市内のすべての先生が集まる会の講師選びに協力したことがあるんですけど，やっぱり，そういった研修に向かう姿勢とか，そこで何をもち帰ってもらうかといったモチベーションを決めるのって，「誰の話を聞きたいか」ということに尽きると思うんですよね。

――――講師選びの重要性がよくわかってきたのですが，コネクションづくりはどのようにされているんですか？

蓑手：やっぱり外に出るってことではないでしょうか。勤務校を離れ，違う学校のことを知ったり，そこで働く先生方と交流したりする。私たち３人は外に出るタイプだからこそ，コネクションがあるわけですよね。外に出れば，多くの人とつながれます。私も出てみてわかったことですが，外で勉強されている方はみなさんとてもやさしいんですよね。「自分は実力ないから……」とか，そんなことは一切関係なし。著名な方でも，垣根なくつきあってくださる方が多いので，自ら外に出て，コネクションをつくりに行くことが大事だと思います。楽しめるようになれば最高ですね。まあ，それが難しいと感じる方も多いと思いますが……。

庄子：やっぱり研究主任が何よりも，誰よりも研究しているってことが大事なのではないでしょうか。
例えば，学校の研究が算数になったら，外部で行われている算数の研究会に行ってみるといったチャレンジの仕方が大事だと思います。
研究主任が偉そうにしゃべるだけではなくて，研究主任自らが，そのものについて学ぶという意識と態度を見せれば，研究がうまく回っていくということがあると思います。
そのとき注意することは，とにかく，一番学んでいるオーラを出さないことが何より大切です。

オンラインの活用を当たり前にしていこう！

――少し研究主任から話がそれますが，これからはオンラインの活用も課題になってくると思います。館野先生はオンラインサロンを運営されていますが，どのようなことをされていらっしゃるんですか。

館野：オンラインサロンに関しては，熱い思いをもったいろいろな世代の人が入ってきてくれています。申し込みベースだと，今100名くらいの方がいらっしゃって，注目度は高いのかなと思っています。
ただ，オンラインサロンには，働きアリの法則でいうと「２：６：２」の上位「２」の人しかこなくて，「６」の人をオンラインサロンに巻き込んでいくというのは難しいです。
オンラインサロンに限れば，その「２」の人たちにとって，いかに価値のあるものにしていくか，というところが大事だと思っていますが，校内研究はまた別だと思っています。普段同じ職場にいれば，オンラインなどは必要としません。ですので，オンラインの必要感や有用性に気づけない人が多いと思います。
現在，新型コロナウイルスの影響で，学校が休校になっています。そこで，職場の先生とオンライン会議を開いてみたところ，楽しかったと言ってくれました。今後は，勤務時間内にデジタルの価値を広げていくことが大事かな……と思っています。
校内研究でいえば，Zoom（オンライン会議ツール）で出てくれる講師の方は，かなり感覚が新しいと思いますね。フットワークが軽いと，学びの拡がりにもつながると思います。一方的に偉い人の話を聞きたい人も中にはいるかもしれないですが，一緒に学びをつくってくれる人が講師として外にいると，価値があると思います。
オンラインは，外の人に一緒に伴走してもらうには，すごく有用だと思います。オンラインサロンでのつながりをもとに，講師を依頼される……ということも起きているので，オンラインがハブみたいになってネットワークがつながると，次へのアクションにつながっていくのではないかと思います。

――蓑手先生は，臨時休校中にZoomを使って実践をされているとうかがいましたが，具体的にどのようなことをされているのか教えていただけますか。

蓑手：もともとうちの学校では，schoolTakt（授業支援システム）をずっと使っているんです。これまでの夏休みや冬休みでも使ってきました。その中で気づいたことなのですが，schoolTakt は個別のフィードバックにはとても向いているんですが，同期性が弱いんですよね。リモートで，リアルタイムで共有したり，協働したりするのが難しい。全体に対して双方向的にフィードバックをしたいな……と思ったとき，Zoom が活用できるだろうと直感的に思いました。

そこで，休校前の最終日，子ども向けに Zoom の授業を１時間やりました。学校に集まれなくなってからは，schoolTakt でやりとりしながら，子どもたちと一緒に「何時くらいがいい？」とか，「先生がある程度プレゼンをつくった方がいいかな？」などと相談しながら，ブラッシュアップしていきました。

ただ，どの家庭も同じ環境があるわけではないので，今は授業したり学習を進めたりするということは避けています。（４月末）現在は，聞いていなくても損をしない「朝の会」で実践しています。前日の子どもたちの学びの様子を schoolTakt で見取り，新しい実践や個々の成長をプレゼンにまとめます。それを Zoom の中で「あの子は，こんな自主学習をしたらしいよ」というように，子どもの活動を紹介し，他の子どもたちが学び合えるような空間をデザインしています。最後には担任からのメッセージを伝えています。それが現状は一番いい形だと思っています。

ちなみに，今回の実践は，学年全体で行っています。

館野：学年で……ということでしたが，それぞれの学年で得意な人が主としてやっているんですか？

蓑手：学年で……というのは，今の新６年生で，３クラス合同で行っている，ということです。自分以外の２人の先生は，ICT が得意というわけではなくて，schoolTakt や Zoom に関していえば子どもたちと同じくらいの経験値ですね。実際にやりながらスキルを上げていってもらうという形で行っています。

———蓑手先生以外の学校では，そのような設備や環境はあるんでしょうか？

館野：３月にオンライン卒業式をやろうと考えた頃から，オンラインの授業などができるように，区にアプリなどを入れてほしいと申請をしていました。
これからどういう時代になっていくかわかりませんが,「after コロナ」もしくは「with コロナ」でも，持続可能な校内研究をして，組織として動いていき，オンラインも活用しながらやっていくのが大切になってくると思います。

庄子：ちょっと話がそれますが，私は「間」をつなぐことを意識しています。
研究は単品になりがちだと思うんです。そうではなくて，毎日の活動にしたいので，研究通信を出すなど工夫しています。
内容は,「新聞記事を貼っているだけ」とか,「〇〇先生がこんな授業をしていました」とか,「〇〇先生のおすすめの本」とか「校長先生がすすめた記事」とかです。最近は，職員に新聞を渡して，おすすめの記事を紹介してもらって，学びをつなげていました。
ですが，臨時休校となって，なかなか学びを続けることが難しくなってしまいました。そこで，Zoom を活用したいと思ったのですが,「わからないものには手を出せない」「教育委員会の許可がなくちゃだめなんじゃないの？」「メールアドレスを教えたくない」といった問題に直面してしまいました。
やはりこれからは，オンラインへの抵抗感をなくしていかないとまずいと思っています。そもそも,「まずやってみる精神」が教育界にはたりていないと思います。オンラインを通して，教育の本質をもっと考えたいし，考える場をつくっていきたいと思います。

新しい校内研究を推進するために

――本書はbefore ＆ afterというタイトルをつけていることもあって，今までの校内研究を変えていこう！という内容になっています。ただ，新しいことをするのは大変な力がいると思います。それをどう乗り越えていけばいいか，こんなことをがんばってみましょうというエールじゃないですけど，一言いただければと思っています。

館野：before ＆ afterというのは，視点としては大事だと思います。でも，気をつけなくてはならないのは，beforeの部分を研究主任だけが見たり，感じたりしているものにしないようにしたいな……ということです。
「去年はだめだった」とか「今の研究は意味がない」とか思いながらやっていると，校内研究はうまくいきません。
beforeの部分も大切にしながら，手立てを講じることで確実に変わっていくと思っています。
また，その手立てを１つ講じることで，急に組織がよくなったり，みんなの授業力がＵＰしたりすることはないので，手立てを講じた後，どういう職場になっていくのか，一人ひとりが授業力をアップしていけるのか，ということをイメージして，研究主任として取り組んでいくことが大事だと思っています。私自身も，やっていきたいと思います。

庄子：少し話に出ていましたが，校内研は「よい職場をつくるツールのひとつ」だと思います。だから，校内研には「指導技術を伸ばす」という目的もありますが，教育技術を伸ばす過程で「対話すること」が大事だと思います。
「自分がやりたい，変えたい，よい研究がしたい」という思いでも，急に今までのやり方を変えようとすると，絶対にどの職場にも反対する人がいます。
そのときに，「反対する人がだめだ」ではなくて，研究主任である自分の考え方を変えることが大事です。「人のためは自分のため」という思いが必要です。
とはいえ，「自分はこんなにやったのに，あの人は変わってくれない」と，どなたもなりがちなんです。私もそうでしたし，今もそうです。でも，他人の考えを変えるなんてこと自体が，実はおこがましいことです。「自分が何かやったことで，相手が変わるかわからないけれど，自分のためになっているからよし」というように，発想を転換して積み重ねていくことが，大事だと思います。一言で言うと「謙虚になる」ってことかなと思います。

蓑手：私は，あまり形にこだわらないことだと思います。研究主任がつらそうにしていると組織全体の空気も悪くなるので，研究主任が一番研究を楽しめる環境を探っていった方がいいと思っています。楽しめなくなっていたらどこかに無理が生じているということで，その無理は組織全体をギスギスさせるので。
研究主任が手放す勇気も大事かな……と思うんですよね。結果を急がないとか，形を決めないとか。ゴールを設定してそこに行かなきゃ……みたいになってくると，みんなしんどくなってくるので。
一人ひとりの教員の意識が少し変わったり，職員同士のコミュニケーションが深まったりして，集団性の変化みたいなものがあるだけでも十分プラスだと思うんです。
その中で，それぞれの意識のグラデーションもあると思います。庄子先生の話ではないけれど，なかなか前向きになれない人がいても，少しでもその人がアクションしたらすごいと思うし，若手の１人だけでも「目覚めた！」という感じになれば大成功だと思います。
また，その中で一緒に話す時間が増えたというような変化を楽しめるといいですね。研究は，進んだところまで……ということが重要だと思います。校内研究って，１年で結果が出るようなものでもないし，失敗してもいいかな？くらいの気持ちで，あんまりハードルを上げすぎず，楽しむことが何よりのコツなんじゃないかなと思っています。

※本座談会は，本書でも活用が推奨されているオンライン会議ツールを利用して行われました。

3章

before & after でわかる!
研究主任の仕事アップデート

事前準備

研究したいことリストをつくろう

やらされ感の強い研究。やっと終わった！と思われる研究。

その原因はズバリ，教師が当事者として必要感を感じていないから！

勝手に決められたり，押しつけられたりしただけの目標では，誰もやる気になんてなりませんよね。自分が本当に知りたいことは何か。何を研究すると，学校全体がさらによくなるのか。そんなニーズを掘り起こして，研究したいことリストをつくってみましょう。

before

研究したいことリストをつくらず，前年度までのものの踏襲や特定の個人の要望で研究を決める

after

みんなで「やりたい研究」を出し合う時間を設けた上で，ブレインストーミングし，研究したいことリストをつくる

４月の段階（可能であれば前年度の３月の段階）で，すべての先生から「こんな研究やってみたい！」という思いを引き出しましょう。

学校の子ども全体の課題から考えてもよいですし，自分のクラスの子どもの実態から考えてもよいです。

純粋に「こんなことを知りたい！」ということでもよいかもしれません。

自分が「せっかくやるなら，こんな研究がいいな！」と思うものを出し合って，研究したいことリストをつくるのです。

●来年度，どんな研究をしていきたいですか
〈例〉・国語，算数，外国語などの具体的な教科名
・話し方　・聞き方　・学び合い　・ユニバーサルデザイン　・授業法　など

学年	
1年	
2年	
3年	
4年	

学年	
5年	学び合い：個別化を進めるにあたり不可欠だから 段取り力：めあてを立て，振り返る力が弱いから 情報活用能力：新学習指導要領でも求められている。今の○○小学校の環境においても重要
6年	
専科	

※なぜそう思ったのかも書いてくださるとありがたいです

肝心なのは，否定しないこと

誰もが自分の「やりたい」を安心して出し合える環境づくりが重要です。

意見を出し合う中で「あ，この先生はこんなことを課題と感じているんだな」とか「あ，私と同じことを考えているんだ」という新たな発見がきっとあるはずです。それを共有するだけでも，十分価値があります。

まずはみんなの考えに，耳を傾け合うこと。

その上で，具体的に何を研究テーマに据えるかを話し合っていきます。

あまり「多数決」みたいにならない方がよいかもしれませんね。

そのときの学校の事情や教師の専門性，講師に呼べる人などでも変わってくるかもしれません。

すべての意見をうまく取り入れながら，全員が納得できる研究テーマができるように対話を重ねてみましょう。

３月にある程度決まった場合は，４月の段階でもう一度練り直すとよいでしょう。異動などで構成メンバーが変わることが予想されるからです。

なぜこの研究テーマになったのか。

背景を知っておくだけでも，取り組む姿勢は変わってきます。

（蓑手）

事前準備

2 年間計画を更新していこう

ほとんどの学校では，４月の段階ですでに年間計画が立てられていると思います。

４月が忙しいのを見越して，３月に立てておくからです。

しかし，ここに大きな落とし穴があります。

３月と４月の大きな違い。それは，職場の異動や役職の変更に伴う，集団の変化です。

before

責任の所在が不明確になり，なぜその研究を進めているかがわからないまま「予定通り進める」だけの研究になってしまう

after

予定は予定。新年度，改めて計画をもとに，職員一人ひとりが本当に学びたいことに寄り添い，計画を更新する！

計画をこなすことを目的にしない

どんなことでもそうですが，一度計画を立てるとそれをこなすことが目的化してしまい，先生のモチベーションが下がったり，形骸化して本来の目的から大きくかけ離れたりすることがあります。

ましてや，計画を立てた集団と遂行する集団に違いがあれば，言うまでも

なくその差も大きくなりますよね。
「最初から決まっていたから」「自分が学びたいことではないけれど」
つらくなると，多くの言い訳が生まれてきてしまうのも事実。
４月，組織が改編されたら，この年間計画を思いきって棚卸ししてみましょう。
なるべく早いうちに研究全体会を開き，新しく学校に加わった人たちに，研究についてざっくばらんに質問してもらうのです。
「どうやったら子どもに力がつきそうですかね？」
「そもそも何のためにこの研究を進めていくのですか？」
先生たちが疑問に思うことをどんどん出してもらいます。
答えて納得すれば，それが研究にとっての大きな根拠となるし，答えられなければ，それはすでに形骸化しつつある部分なのかもしれません。
それに気づいたら，修正したり，いっそ削ってそれ以外のアイデアや「やってみたい！」を取り入れたりした方がよいと思います。
目的やビジョンはとても大事。最初にしっかり共有されていれば，研究を進める中で迷ったり，壁にぶつかったりしたときの共有言語となります。
「自分たちは，子どもたちのこんな姿を見たくて研究をしているんだ」
「この研究は，自分たちがやりたくてやっているんだ」
一人ひとりに当事者意識が生まれると，校内研究も活気を帯びてくるし，何より１年間で得られる学びにも大きなプラスとなるでしょう。
３月と４月では集団そのものが違う。それを念頭に置き，改めて年間計画を更新してみませんか。

（蓑手）

事前準備

3 校内研究の目的を見直そう

校内研究は何のために行うのでしょう。研究主任として，教育実習生に対して講話を行う際，あなたならどのように話しますか。年度当初の研究全体会では，釈迦に説法だと思わずに，もう一度校内研究の目的についてお互いの考えを共有しましょう。

before

昨年度つくった研究主題や研究の方向性を伝えて承認を得るだけの年度当初の研究全体会

Update!

after

これまで経験した校内研究を振り返って，よかった点や各々が考える校内研究の目的を話し合う研究全体会

校内研究は研究授業を軸に考えてしまい，研究授業の担当者決めや，指導案検討などに終始してしまいがちです。じっくり振り返る時間がないと，どうしても気がつかないうちに目的を見失い，形骸化してしまいます。

誰が研究授業をするのかを話し合うことになると，たいてい押しつけあいになってしまいます。年度当初の様々な仕事が降りかかってくる中で，負担を少しでも減らしたいと思うのは当然の心理でしょう。指導案の検討を重ねていく中で，指導案の書き方について正しさを求めるような話し合いになり，先輩が後輩を一方的に指導する場になっていることも少なくありません。

校内研究の目的は，日頃の授業改善や組織力を高めることだと考えます。

研究授業を押しつけあったり，指導案を直すために長時間パソコンに向かったりすることで，授業改善や組織力の向上を実現していくのは難しいように感じます。

マグネットテーブルやワールドカフェも活用次第！

例えば，研究全体会でこれまで行ってきた校内研究を踏まえて，「最高の校内研究」について，話し合ってみるのはいかがでしょうか。

【マグネットテーブル】〈例〉

①Ａ４の紙などに，大きく校内研究で大切にしたいことをそれぞれ書き出す。
②似たことを書いている，一緒にしたら化学反応が起きそう，自分が書いたものを捨ててもよいと思えるなどの理由で自由にグループを組んで座る。
③なぜ①のように書いたのか伝え合った上で「最高の校内研究」について話し合う。

【ワールドカフェ】〈例〉

①最初にグループで座るときに，学年や年齢，性別などを考慮し，あまり話したことのない人と一緒に座ってもらうようにお願いする。
②模造紙や付箋にカラーペンなどで書き出しながら，テーマ「最高の校内研究」について話し合う。時間は15分程度。
③１人は「主（あるじ）」として残り，残りの人は「旅人」として，他のグループに散らばる。
④「主」は前のグループで出た話題を模造紙を見ながら１分程度で共有し，新しいグループで同じテーマについて15分程度話し合う。模造紙をひっくり返しても OK。
⑤最初のグループに戻り，どんな気づきがあったのか共有する。

これらの手法は一例にすぎません。職場の先生たちが，楽しみながら生き生きと校内研究をテーマに対話する時間をつくっていきたいものです。

（舘野）

事前準備

職員室にある
これまでの校内研究を探ろう

校内研究を通して，これまでたくさんの成果物を作成してきていることと思います。まずは成果物を見直して，自校の強みを把握してみましょう。主観的に見ると，よくないもの，うまくいっていないものなど，どうしても粗が見えてきてしまいます。

before

自校の組織に対して曖昧なイメージを抱いたまま，新しい校内研究の方法を探してしまう

Update!

after

自校の校内研究に関する強みを把握し，全員で共有することで新しい価値になる部分を探していく

職員室には研究発表のときの掲示物や研究紀要，共有ドライブには過去の指導案や研究主任が出してきた研究推進だよりなどが残っていると思います。それをもとに，管理職や前任の研究主任の先生に相談したり，１年間の全体イメージをもったりすることができると考えます。一度にたくさんのことを変えようとすると，必ずと言っていいほど反発が生まれます。

研究主任として，「２年前にこういう工夫をされている先生がいらっしゃいました。今年度はそちらをすべての研究授業でチャレンジしてみたいです」「昨年度こういうご意見が〇件あったので，変更したいと思います」「年度途中でもよりよい方法が見つかったら，変更する可能性があります」と，

研究全体会や職員会議などで伝えておくと，新しい価値を生みながら，改善に向かっていけるのではないでしょうか。研究主任として，しっかりとこれまでに蓄積されたものを分析してから校内研究をはじめられると，反発への対応をなるべく少なくして，スムーズに進められることでしょう。

ビジネスのフレームワークも活用できる①

強みを把握するには，SWOT 分析がおすすめです。強みの S（Strength），弱みの W（Weakness），機会の O（Opportunity），脅威の T（Threat）の４つに昨年度までの校内研究を整理してみましょう。

特に内部環境としての強み（教師のチームワークや個々の専門性など）を意識して見つけていきましょう。また，見方を変えれば弱みが強みになることやその逆もあります。それぞれが複雑に絡まり合っていることも，整理していくプロセスの中でわかっていくでしょう。つくったものを管理職や同僚の先生に見てもらうことで，異なる見方に気づいたり，それぞれの思いを共有したりすることもできます。思いを共有しながら校内研究を進めることはとても重要なことです。

（舘野）

事前準備

5 昨年度までの校内研究について フレームワークで振り返ろう

本書を手に取った方には，研究主任になったけれど何からはじめたらよいのかわからない，今までの校内研究を変えたいと強く感じているという方が多いのではないでしょうか。新年度の校内研究を考えるときは，昨年度までの校内研究にかかわった方から話を聞くと，研究の課題などが見え，改善への第一歩となるでしょう。

before

昨年度までの校内研究を無視して，とりあえず改革を進めてしまう

↓ **Update!**

after

昨年度までの研究の蓄積や歩みを尊重しながら，改善点をフレームワークで模索する

ビジネスのフレームワークも活用できる②

教師は異動や新規採用などでメンバーが新しくなることが多いです。また，校内に以前研究主任をされていたり，昨年度まで校内研究をよくしようと努力されてきた方がいらっしゃったりするかもしれません。そこで，まずは昨年度の校内研究がどんなものだったのか，ヒアリングを行いましょう。

管理職に聞いてみると，学校組織としての課題も同時に共有できることもあります。研究推進委員会などのチームを校務分掌としてつくっている学校

もあるでしょう。きっと昨年度までのメンバーが感じていることが，改善点が見つかる糸口になるはずです。

そうしたヒアリングは，個別に行ったり少人数で行ったり，場合によっては研究全体会で行ったりすることが考えられます。個別に聞いたり，全体に共有したりするときは，KPT というフレームワークも有効です。

KPT とは

K（Keep），P（Problem），T（Try）の３つの視点で，昨年度の校内研究について振り返ってみましょう。以下のように，ホワイトボードを３つのスペースに分けて付箋を貼りながら整理する方法があります。

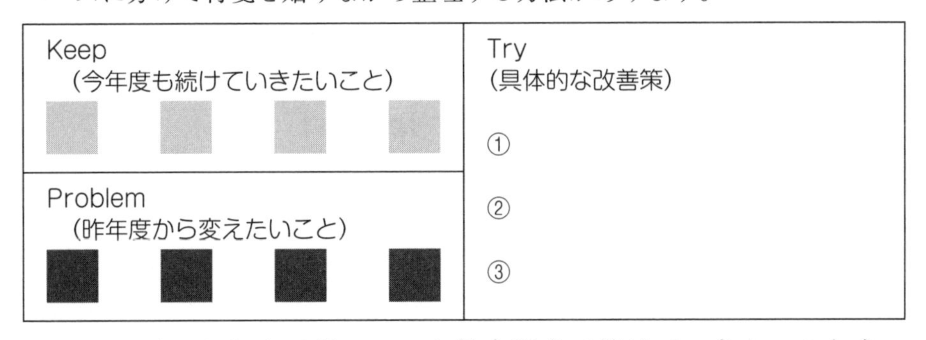

Keep には，これまで行っていた校内研究で続けていきたいことを，Problem には，校内研究を進めていく中で問題点と感じていることを，Try には，Keep と Problem で洗い出されたポイントについて，よかったことをさらによくしたり，問題を解決したりする具体的な方策を書けるとよいですね。

こちらの KPT フレームワークを使うと，校内研究を常に改善し続けようと向き合う姿勢に，より多くの教師を巻き込むことができそうな気がしませんか。学校改善という視点でも，このような考え方を他の校務に生かせそうです。

（舘野）

企画・提案・調整

6 教師が考える，子どもの課題を洗い出そう

研究主任になって最初に企画・提案することのひとつに研究構想図があります。なぜ研究をするのかをわかりやすく明確にしたものです。その中にある「児童の実態」の決め方で，その研究の深まりが随分変わってきます。ではどのように児童の実態を決めたらよいのでしょうか。

before

担当者が，今の子どもを見ず，なんとなく児童の実態を記入する

after

全員で，自校の児童の実態について話し合う

研究は，子どもにどうなってほしいのかを考えながら進めることが基本です。なんといっても，授業は子どものためにあります。決して教師のためではありません。それなのに，教師の指導技術の良し悪しばかりに注目した研究をよく見ます。

とても残念なことですが，研究が**「しなくてはいけないやっかいなもの」**になってしまっている学校ではよくあることです。

子どもにどうなってほしいか考えるために，今現在の子どものよさ，課題を洗い出しましょう。

もちろん，子ども一人ひとりに個性があり，全員違います。しかし，同じ学校で学んでいる以上，その地域や学校の子どもの色があります。決めつけることはよくありませんが，日本中どの学校も同じではありませんね。各校

の色があります。

子どものよいところを付箋に書き出す

洗い出す方法はたくさんありますが，私は「付箋に書き出す」という方法をとっています。

青色：子どものよさ（例：素直な子が多い）
赤色：子どもの課題（例：授業中に私語が多い）
黄色：どちらともいえないもの

としています。

とにかく，個人作業でたくさん書いて，模造紙に貼っていきます。教師の数にもよりますが，我が校は各学年約４クラスずつある中・大規模校なので，教師を３つにランダムに分けて付箋をまとめていきます。

子どもの課題を出すときに，アンケートなどを研究推進委員長がまとめて職員会議に提案することがよくありますが，それでは全員で考えた児童の実態という感じが薄くなります。とにかくできるだけみんなに見える場で，全員で決めることが大切です。

最後に，子どもの課題を洗い出したら，「うちの子たち，こんなに課題があるよね」で終わらないようにしましょう。課題を出しているのは，これからの研究を通して伸ばすところを決めるためであって，子どもに課題があることを確認するためではありません。ここで出た課題を，研究とどう重ねるか，１年後，この子どもの課題がどうなっていたらよいかということを考えるために行うものです。そこを忘れずに，楽しい会にすることを心がけるとよいでしょう。「前の学校と比較しているだけ」「自分のクラスの愚痴を言っているだけ」とならないような声かけ，運営は，研究主任の腕にかかっています。その舵取りで１年間の研究が決まると言っても過言ではないでしょう。

（庄子）

企画・提案・調整

7 学校の実態をもとに，研究テーマを設定しよう

児童の実態についての教師の共通理解ができれば，あとはそれを踏まえて研究テーマを決めればよいだけです。しかし，それが簡単ではないことは，研究主任になるような方ならすぐわかるはずです。

児童の実態を改善したいと思って研究に取り組んでくださる教師はごく一部。ほとんどの人はそれ以外です。

子ども基準のテーマをつくる

そこで研究主任が一番気をつけなくてはならないことは，教師全員が満足できる研究になるだけではなく，「子ども基準」の研究になるようなテーマにするということです。そのために必要なのは，教師がこの教科（領域）を研究するメリットを考え，それが「子ども基準」であるか考え続けることです。学校目標や，学校の実態をもとに，研究テーマを決めることが大切です。

before

学校の実態を気にせず教師が研究したいことから研究テーマを決める

after

昨年の学校の成果と課題を考えながら，児童の実態に合わせて研究テーマを決める

「昨年度と似た研究テーマでいいや」となりがちではないでしょうか。研

究テーマを決めるときの本音は，以下のようであることがよくあります。
・英語の教え方がわからないから英語を研究したい
・何年も算数の研究をしていたから，今年は国語にしたい
・理科の専門家が学校にきたから，理科を研究したい
・校長先生が研究指定校をとってきたから，今年は体育を研究しなくてはならない
・子どもに静かになってほしいから，道徳・学級活動の研究をしたい

このようなときは要注意。すべて研究のはじまりが大人目線だからです。

もちろん，これらが悪いわけではありません。研究はだいたいがこんなふうにはじまっていきます。

はじまりはどうでもよいのです（平教師にはコントロールできないこともたくさんあるので）。はじまった後，いかに子どものために研究を行うことができるかが大事です。そのために子どもの実態をたくさん話し合う必要があるのですね。

教師目線の研究から，子ども中心の研究へ。

この言葉だけを聞くと，反対する人はいなそうです。しかし，研究テーマはそこから離れていたり，離れていってしまったりすることが多いのも事実です。

子どもの実態を踏まえた研究テーマができてきたら，最後に子ども主体の言葉になっているかを振り返ってください。

個人的には「〇〇〇〇子どもの育成」という言葉が嫌いです。

教師がそういう子を育成することは，子どもありきではなく，教師ありきだと思うからです。

子どもは自然に伸びる力がある。それを後ろから支えてあげるのが教師です。決して道をつくって，その道を歩かせるのが教師ではありません。

教師も（子どもも）やりたいと思う研究テーマを４月につくって，１年間研究できるとよいと思います。

（庄子）

企画・提案・調整

8 事前に管理職の方向性を確認しておこう

before

教師が協力してよいものができ上がった後に，管理職からのだめ出しが入る

after

管理職と随時相談しながら，よりよい校内研究にする

研究主任は研究を進める一番の舵取り役ですが，決してひとりで進められるわけではありません。学校組織としても一番に学校長がいて，その下に副校長，主幹がいます。研究主任だからといってひとりで進めてはいけません。

「そんなことはわかっているよ！」という方も多いと思います。最初は誰もが確認をとりながら進めていきますが，年度後半はあまり確認せず進めてしまうことも多いです。私もそうでした。

それは，仕事の忙しさも影響していると思います。研究主任だって担任をしている人がほとんど。自分の学級・学年の運営もあります。その上で学校全体の研究を進めなくてはいけません。確認を怠って，自分のことでいっぱいいっぱいになってしまうのも無理のないことです。

そんなときこそ，逐一学校長に進度を報告することが大切です。だいたい「それでいいよ」と言われることが多いと思います。

だからこそ，逐一報告しましょう。たくさん報告して，その中でたわいない話をし続けることが，学校長の考えを知ることになりますし，信頼を勝ち

取り，自分自身が楽しい学校にすることにもつながります。

管理職の先生とたくさん話す

ここで，管理職と話すときに私が気をつけていることを紹介したいと思います。

①忙しくなさそうなときをねらう
②ふらっと行く
③大きな提案は，周りをかためてから行く

「①忙しくなさそうなときをねらう」は，忙しいときは話したくないものです。忙しいときにあえて話をすれば，校長もはやくすませたいから起案が通りやすい……という考えもありますが，そんなときは後からだめと言われることも多いです。忙しくなさそうなときをねらうべきです。

「②ふらっと行く」は，とにかく管理職に相談する習慣をつけるということです。「何日の何時から」と約束することも大切ですが，約束してから相談することを習慣にすると，頻繁に相談しなくなります。とにかく数多く行くことの方が大切です。

数多く行くということは，研究主任であるあなたが研究について何回も考えるということになります。何回も考えれば考えるほど，校内研究が前に進みます。

「③大きな提案は，周りをかためてから行く」は，「〇〇先生や△△先生も賛成しています」と言うだけで，１人の意見ではなく，職員室みんなの意見となりやすくなります。

校内研究は研究主任だけで行うものではありません。随時，管理職の方向性を確認しながら，みんなで進めていきたいですね。

（庄子）

企画・提案・調整

9 力のある人に，あらかじめ意見を聞いておこう

before

ひとりで進めてしまい周りの先生たちの賛成が得られず前に進まない

Update!

after

周りのサポートがあり，やりたい校内研究がスムーズに進行する

研究主任になると，何事もひとりで進めなくてはいけない錯覚に陥ります。

もちろん，ひとりでやらなくてはいけないわけではないし，みんなでやろうとも考えていますが，「研究主任だから……」という見えないプレッシャーが，ひとりで抱え込ませてしまうのでしょう。

「ひとりではない。みんなで進めるもの」と言いながらも，実質たたき台はひとりでつくらなくてはいけないことも多いです。

そのたたき台を研究推進委員会にもっていくと，いろいろな意見をいただきます。それを直すのも研究主任……負のサイクルにはまってしまい，研究主任自ら新しいチャレンジをしなくなるという傾向にあると思います。（研究主任１・２年目の私は少なくともそうでした）

ここで大事なのは，「困っている。意見がほしい」ということを，常に職員室でつぶやき続けることだと思います。

つぶやく相手は誰でもかまいませんが，できるだけまんべんなく，そしてこの人が言うなら文句は言えないという人にたくさん相談しておくことです。

ここの「この人が言うなら文句は言えないという人」というのは，肩書や

年齢，能力は関係ありません。あなたが考える「この人が言うなら文句は言えないという人」が職員室にいると思います。

間違っても，「管理職に許可をもらった」「教務主幹には確認してある」ということを，研究推進委員会で言うのはやめましょう。場の空気が悪くなります。（昔，さんざんやって，いろいろ叱られたなー）

力のある人に意見を聞きに行くときのポイントは，余白をつくった企画書にしておくことです。たとえ自分の中で明確な考えが定まっていたとしても，100％の提案は，直す手間を増やすことになりますし，相手にもよい印象を与えません。

研究を教師全員の自分事にする仕掛け

力のある人はこう言いそうだと予測しておくことも大切です。その人に考えを合わせすぎる必要はありませんが，聞いてきたのだからこそ，その人の考えも取り入れることが望ましいです。そのようにしてできた研究構想図のたたき台は，みんなでつくったたたき台になります。ひとりでつくった研究構想図とは違い，教師の愛着が生まれる研究構想図になるでしょう。

愛着が生まれなくては，ただ掲げているだけで誰も意識しない研究構想図になってしまいます。それでは，教師にとっても，なにより子どもたちにとってもよいものにはなりません。

この愛着を利用することは，学級経営でも大事になります。

「すべて先生が決めた。でも正論だから何も言えない」

「今年の先生は何を言っても勝てないから，静かにしておこう」

そんなクラスがどこの学校にも１クラスくらいあるのではないでしょうか。統率がとれているように見えますが，そのクラスの子どもたちに「生きる力」がついているとは決して思いません。校内研究も一緒です。周りのサポートを感じながら，みんながやりたい校内研究になるとよいと思います。

（庄子）

企画・提案・調整

10 研究推進委員会の前に，委員のメンバーに意見をもらおう

before

「これ聞いてないよ！」と周りの教師から言われることが増えて，うまく進まない

after

事前にメンバーに提案内容を知らせておき，研究推進委員会をスムーズに進行させる

前項でも書きましたが，研究主任だけでは，研究は前に進みません。

しかし，研究主任がやらなければならないことが多いのも事実です。

そして，ひとりで一生懸命がんばっているのに，研究推進委員会ですべてが白紙になると，とても悲しい気持ちになり，「そんなこと言うなら，おまえが研究主任やってみろよ！」と思うようになります。（今でも思うときはありますが，自分はそういう立場だと自分で自分をなだめています）

学校現場では，必ずしも役職が上だから研究主任をするとは限りません。むしろ主幹がいるのに，年上の主任教諭がいるのに，やる気があるとか，よく勉強しているという理由で研究主任になることがあります。

私も主任教諭になる前から研究主任をしていました。若かった私は「誰よりも勉強している。研究提案した内容が学校現場で行われれば，日本の教育は変わっていく！」と，若気の至りで思っていたこともありました。

完璧な提案であると思っているのに（思っていただけかもしれませんが），

研究推進委員会ではだめ出しが入る。「どうせ誰もわかってくれない」「周りの先生たちの方が勉強していないのに」なんて思っている時期がありました。今考えれば，周りをコントロールしようという気持ちが出ていたと思います。

まだ注意してくれているうちはよいです。そのうち誰も意見を言わなくなり，最終的には，研究授業が終わった後，「うちの学校は何の研究をしているんだっけ？」となるくらい研究が根づかない学校になってしまいました。

自分が一番がんばっている・正しいと思わない

私の失敗談から言えることは，「校内研究は全員で行うもの」ということです。当たり前ですが，それがとても難しいことなのです。そのためには，提案する前に，たくさんの人と話す必要があります。

研究推進委員会が行われる前から，どんな提案があるかわかっている，そんな開かれた研究にしていくことが研究主任として最も意識すべきことです。

逆に言えば，研究主任が内容をどんどん提案する必要はありません。みんなで考えるためには，かたまりすぎない方がよいのです。

「明日，研究推進委員会あるんだ！　楽しみ！」なんて職場になれば，研究主任として大成功と言っても過言ではないと思います。ではそのために，自分には何ができるのでしょう。

それは，とにかく**根回し**なのです。とにかく，先生方に話しかけることです。寄ってきてくれる人はよいです。苦手な人，相手が自分のことを苦手と思っている人にほど，近づいていくのです。そのコツコツとした根回しが，結局は研究主任である自分自身を成長させてくれると思います。自分の修行だと思って，やってみてください。

（庄子）

企画・提案・調整

11 研究だよりを頻繁に出して，みんなで研究を盛り上げよう

before

月に１回研究だよりが出される。読んでもやらされている感じがするだけ

Update!

after

頻繁に研究だよりが出される。毎日誰が何時間目にどんな授業しているかがわかり，一人ひとりが研究主任のように動いてくれ，全体の校内研究が盛り上がる

研究主任として，１年間発行しなくてはならない研究だより。あなたは，なんて名前で発行しますか？

「そんなこと考えていない」「昨年度と同じものでよいでしょう」などと考えるかと思います。本当にそれでよいのでしょうか？　今年はじめて研究主任になった方はなおさら，今年の研究だよりの名前にはこだわるべきだと思っています。それは，あなたの色が出るからです。

私は「研究だより～１人の10歩より10人の１歩～」という題名をつけています。前年度までは「研究だより」というものが発行されていました。私は，従来のものを引き継ぎつつ，自分の色を出したいという思いで，このようなタイトルにしました。

さて，その研究だよりですが，学級通信と違い読んでいる人は教師です。なので明確でシンプルなことが望まれます。なぜかというと，教師は研究だ

けをしているわけではないからです。学級事務や学級経営で忙しい中，研究もしなくてはならないと考えている人もいます。そんな中で「校内研究を自分もがんばりたい」と思えるような研究だよりにしなくてはなりません。

研究だよりは，内容よりも頻度

「自分も研究をがんばりたい」と思えるような研究だよりにするには，どうすればよいのでしょうか。

大事なことは内容よりも「頻度」です。多くの研究だよりは，職員会議で提案がある度に発行されます。つまり，月に１回程度しか発行されないものとなります。それも，「来月の研究授業者は○○先生で，講師の先生は△△先生です。何日までに指導案を提出してください」というような，事務連絡が記載されているものが多いように思います。私も，そういう研究だよりばかり出してきました。しかし，その研究だよりを見ても，「やらされている」と思うだけで，「がんばろう」と思うことはありません。

職員会議の多くの提案の中にまぎれている研究だよりに，どれだけの教師が目を向け，それを実行しようと思うでしょうか？　研究に関して意識の高い教師しか興味をもつことはない研究だよりは，あなたでなくても出せるものになり，結局業務をこなすだけになってしまいます。

研究だよりは，より多く発行すること。そして，「誰が研究に関しての授業をするのか」「今誰がどのような研究を行っているのか」「いつ，何時間目に行うから見にきてほしい」「子どもはこんな様子だった」などを明確にすることが大切です。

研究が研究で終わらないようにする。日常の学校生活に研究がとけ込み，子どもたちに研究を還元することこそが，校内研究をする，そして研究主任をする醍醐味だと思っています。プレゼンをわかりやすくまとめ，みんなが進んでしたい研究にしていきたいと思っています。

（庄子）

企画・提案・調整

12 最初の研究全体会で，本音で語り合える雰囲気をつくろう

before

偉い人の講演を聞くだけで，職員同士の対話がまったくない

Update!

after

小グループなどになり，職員一人ひとりの考えを聞き合い，職員が研究に対してどう考えているのかを知り，これからの研究の方向性も理解できる会になる

研究全体会といえば，５月の忙しい時期に行う校内研究の大事な会というイメージがあります。私は教師生活15年間で，３校経験しましたが，研究全体会はすべて５月に行いました。

ちなみに，どの学校も春に運動会だったので，運動会練習の時間を削りながら，その合間に行っていました。みなさんの学校はどうでしょうか？

運動会が秋でも，年度がはじまって約１か月。忙しい時期であることはかわりません。どの先生方も，自分の学級をうまく進めることにエネルギーを割いています。そんな中行われる最初の研究全体会は，最も大切な行事と言っても過言ではありません。

あなたは，この研究全体会をどのような１時間半にしますか？

例年通りオーソドックスな研究全体会を行うとするならば，その教科の専門の方を呼んで，これから行う授業研究の見通しを立てるのではないでしょうか。

しかし，それはあくまで個々人が校内研究の教科の知識をインプットする時間であって，校内の教師同士が対話する時間にはなりません。

最初にも言った通り忙しい時期である教師たちは，明日の授業や運動会のことを考えて気もそぞろであることが多いのではないでしょうか。そういう私も研究主任になるまではそうでした。インプットだけしても，使えるようにはなりません。アウトプットがなによりも大切なのです。

教師同士で教育観を話し合う場所をつくることが大切

改めて，校内研究は何のために行うのかを考えてみましょう。研究主任であるあなたが，「校内研究は，全員がその教科の専門性を高めることが目的」と考えるのであれば，上記のような研究全体会でよいと思います。

しかし，私は「校内研究は，教師同士が対話して研鑽することが目的」と考えています。対話の生まれない校内研究は，知識のインプットでしかありません。

そこに教師間の研鑽は生まれず，意識の高い教師が教室での実践というアウトプットを通して成長し，アウトプットしない教師の実力は上がらなくなります。

たしかに校内研究は「研究」であり，「研修」ではありません。しかし，新しいものを生み出す「研究」よりも，全員が基本的なことを学び，教師同士の経験を語り合うことで深まったり高まったりする「研修」の方が，教師のためになるとも思っています。

年度当初の研究全体会が，１年間の校内研究を左右すると言っても過言ではありません。

研究主任のあなた自身も忙しい時期だと思いますが，ここの準備を怠らず，よい時間にできればと思います。

（庄子）

日常生活

13 研究授業のための校内研究はやめよう

before

研究授業だけをがんばって，日々の授業には何も影響がない

after

日々の授業の延長線上に研究授業がある

校内研究の一番の目的は，日々の授業をよりよくすることです。決して研究授業ですばらしい授業を行うことではありません。

しかし，多くの学校は，年間数回の研究授業に多くのエネルギーを費やしているのではないでしょうか。

- ２か月以上前から分科会で集まって指導案を検討し，教材を準備し，模擬授業を行う
- 直前になり協議の末，何回も指導案を変更する
- 授業研究日に授業を行い，みんなで反省会をしたにもかかわらず，その授業はやらない

そんな校内研究を何回も見てきました。やる前はいろいろ検討しますが，終わればもう関係ない。これこそ，研究の深まりがなく，やらされている校内研究になってしまいます。では，どうすればよいのでしょう。

事前準備を短くして，事後を長くする

研究授業にかける準備の量は尋常ではありません。たった１時間の授業のために，何十時間も準備をします。それを何人もの先生で協力して行います。その時間を，もっと子どもに直接役立つことに使えたら，もっともっと子どものためになるのではないでしょうか。

事前の準備を短くして，事後を長くするのです。つまり，研究授業の準備を短くして授業を行い，その改善を話し合った後，改善した指導案で別のクラスで授業を行ったり，次時の授業を行ったりするのです。そうすることで，**校内研究が「点」ではなく「線」となってつながり**，日々の授業が校内研究と同じようになっていきます。

最初に戻りますが，校内研究の目的は，日々の授業をよりよくすることです。校内研究は，日々の授業をよりよくするための手段のひとつでしかありません。校内研究という全教師の時間が確保される手段があるのですから，その手段は有効に使うべきです。

私の学校は，この執筆段階での校内研究は「外国語活動」です。私は外国語が苦手で，本当に授業がつらいです（もちろん笑顔で行っていますが）。きっとひとりだったら研究することはないでしょう。

しかし，校内研究が外国語活動で，その学校で研究主任をしているからこそ，これほどまでに外国語を勉強することができました。

また，外国語を研究している優れた先生が校内にいることにより，対話を通して学ぶことができています。これは，校内研究のおかげです。

研究授業の日だけすばらしい授業を「お見せする」のではなく，「見せるわけではない」日々の授業をすばらしいものにするための校内研究でありたいものです。そのために，できることを日々コツコツ行っていくことが，最も大切な研究主任の仕事だと思います。

（庄子）

日常生活

14 週１回，研究について振り返る時間をつくろう

before

研究授業の前後以外，研究の話はされない

after

毎週曜日を決めて，共有スペースで誰でも参加できるサロンを開く

「研究授業のための校内研究にならないように」と前項で書きました。しかし多くの学校では，研究授業のための校内研究になってしまっています。

これはある意味仕方ないことです。仕方ない理由に，「忙しさ」があります。

昨今「教員の働き方改革」に注目が集まっています。給食中も丸をつけ，放課後は保護者の電話対応に追われる。トイレに行く時間もありません。そんな先生方に，自主的に研究をしなさいという方が無茶です。

そもそも校内研究は，研鑽を積むために時間を与えられたものです。その時間以外で研究のことを考えているほど，教師は暇ではないという文句も出てきそうです。これは，現役で教師をしている私からみてもそうだと思います。若者は，初任者研修や○○研修で忙しい。主任の先生方は，校務分掌と，子育てなどの家庭の用事で忙しい。年齢が上がれば上がるほど，難しいクラスを受け持つことも多いですし，病気休暇などに誰かが入ってしまえば，空き時間はそのクラスの授業に入ることもあります。

やはり研究はしたいけれど，そんな時間はなさそうです。しかし，本当に

そうなのでしょうか？

校内研究はできる限りでするもの

授業力向上とは，１回の見せるための授業が上手になることではありません。日々の授業が上手になることです。

上手という言葉にも少し抵抗があります。教師が上手な授業を行うのではなく，子どもとともにつくっていくよい授業を行うことを目指していくのが，校内研究であるべきです。

だからこそ，最低週に１回は，研究について振り返る時間を確保する必要があります。ではどうやって確保するのでしょうか？

まずは，「強制することをやめる」ことからはじめます。

「振り返りなさい」と言われたら，誰もがやりたくなくなるものです。「振り返ってもいいよ」と言われると，じゃあ振り返ろうかなと思います。30分ひとりで勉強しなさいと言われてするのと，自主的に勉強したいと思ってする30分には，雲泥の差があります。

私の学校では，サロンでALT（AET）の先生を交えておしゃべりする時間を確保しています。もちろん，必ずこなきゃいけないわけではありません。きたい人がふらっときて，楽しく話す。本校であれば外国語活動の研究なので，外国語を少しでも話せるようになるサロンになればよいと思っています。井戸端会議のようなイメージですね。

そこが楽しそうだと，人は集まるものです。なので，楽しそうな空気と，集まりやすい環境を整えることが大切です。

週１回みんなで話すことで，ひとりで行っている研究から，みんなで行っている研究になります。研究主任がひとりでがんばらない。研究主任自らが一番学べる楽しいサロンをつくる。これに尽きます。

（庄子）

日常生活

15 研究の経過がわかる掲示板を職員室につくろう

before

誰がどんな授業をしているのかわからず，校内研究も何をしているのかわからない

after

全員がどのような研究をしているのかがわかり，自分も積極的に研究を進めようという気持ちになる掲示板をつくる

学校は，学級という一つひとつの箱でできています。最近では，働き方改革の波もあり，職員朝会がなくなっている学校も多いと思います。私が教師になった頃は，子どもたちが登校している朝に朝会を行い，そこで議論がはじまることもありました。

子どもの安全管理の面では，会議が少なくなったことはとてもよいことです。また，毎日集まらなくてよくなった分，学級事務に割ける時間が多くなりました。

しかし，職員全員が顔を合わせる機会は激減しました。

私はとてもすばらしい学年の先生たちと組ませていただいているので会話がありますが，学年間ですら会話がない学年もあります。つまり，同じ学校の先生が，何をしているのかわからないのです。

何をしているのかわからないのですから，校内研究で取り組んでいることについて，日々どのような授業をしているかなんてとうていわかるわけがあ

りません。
隣の教室の声が響いてしまうし，寒かったり暑かったりするので，廊下と教室の間の扉は閉じていることも多いです。では，どのようにすれば，学校全体でどのようなことが行われているかを把握することができるのでしょうか。

職員室のリフォームにとりかかる

そのために必要なことのひとつとして，「職員室のリフォーム」があります。リフォームといっても，公共施設である学校の職員室を大々的に変えることは不可能に近いです。しかし，壁にある掲示物を変えるくらいならたやすいのではないでしょうか？
私は，ここは明らかに使われていない，見られていないだろうという掲示物をはがし，そこにホワイトボードをかけ，校内研究のことを紹介しています。最初は見てもらえなかったかもしれませんが，最近は教師の会話の種になるようになってきました。使い方は簡単。誰がどう書いてもよいものにするのです。とはいえ，置いておくだけでは誰も使いません。最初は研究主任の伝言板として使います。
「○月○日○校時　○－○で授業があります。みんなで見ましょう」
「○時からサロンで○○について話します！　ふらっときてください」
「○時から，ALT の○○先生とおしゃべりします。無料で英会話ができるチャンス!!」
できれば全員が通るようなところに掲示できるとよいです。こうすることで，研究授業の日だけでなく，日々の授業が校内研究になっていきます。教師同士の会話も増え，一石二鳥です。あなたの学校の職員室のどこにホワイトボードを掲示できそうですか。ホワイトボードを用意するだけでも，大きな一歩です。ぜひチャレンジしてみませんか？

（庄子）

研究方法

16 研究推進部以外の人を世話人にしよう

校内研究に限らず，授業研究にあたって最ももめるのが「授業者を誰にするか」。もちろん，研究なのである程度力をもっている教師がやった方がよいでしょうし，多くの教師の前で授業をするのは緊張するでしょうし，失敗したら恥ずかしいと思うもの。しかし，授業を引き受ければ，教師としての力がつくのも事実です。

それでもなかなか引き受けたがらない原因は，上記の他に「忙しさ」があるのかも……。

before

世話人を決めないので，授業者が「自分のために」授業を考え，周りの人に助言をもらったり，分科会を開いてもらったりする

after

積極的に分科会を設定しながら授業者をサポートするような「世話人」を，授業者以外で立てる

世話人，というのは，言い換えれば秘書のような役職です。主な仕事を以下に列挙してみます。

・分科会を開く日程を調整する
・分科会のメンバーに声かけをし，進捗を確認する
・授業に役立ちそうな情報を集めて周知する

・研究推進部と連絡，調整をする
・授業者の授業づくりの相談にのる
・指導案の印刷やとりまとめ，送付などを責任者として管理する

ざっと挙げただけでも，これだけの仕事があります。世話人とは，言い換えれば「授業者のパートナー」となるでしょうか。

流れや関係性の中で，研究推進部のメンバーが授業者を引き受ける形になってしまうことはあります。そんなときこそ，研究推進部以外のメンバーを世話人に設定すべきなのです。

なぜ，世話人を立てなきゃいけないの？

世話人を決めないとどうなるか。世話人を決めないと，授業者以外がフラットな関係になります。責任が分散されてしまいます。

すると，誰かがやってくれる，声をあげると損をする，気づかないふりをしておこう，などと考えてしまいがちです。多忙な現場ならなおさらです。

そうなると，どうしても授業者が上記のような仕事を担当せざるをえなくなります。自分が授業をするわけですから，誰も何もしなければ自分がやらざるをえません。やらないと，自分が損をするからです。

その結果，授業者は自分の授業をつくりながら，その他の事務的仕事も全部引き受けざるをえなくなり，負担過多でつぶれてしまいます。それを見ていた周りの人は，次回も絶対授業者を引き受けないぞと心に決める……そんな負のループが生まれてしまうというわけです。

世話人をしっかり決めましょう。そして，授業者に最大限の敬意をはらいましょう。授業者が，授業づくりにすべての力を注げる環境をつくる。それが，授業研究が円滑に進むための重要な要素です。

（蓑手）

研究方法

17 研究主任から積極的に声をかけよう

4月に，どの学年がどの時期に授業をするのか，年間計画を決めました。
しかし学校現場は，研究授業だけをやっているわけではありません。様々な学校行事もあれば，不測のトラブルに翻弄されることもあるでしょう。
そんな中で，時間は経過し，気づいたときには研究授業目前，何も準備できていない！ということも，案外多いものです。
準備不足のまま迎える研究授業ほど，不毛で負担感，疲労感が大きいものはありません。できるなら，事前に防いでおきたいものです。

before

忙しいので誰も声をかけず，気づいたときには研究授業目前で，準備不足のまま研究授業を迎える

after

研究主任がノートなどに事前に「〇年研究授業１か月前」などと記録しておき，声をかけるのを忘れないようにする

研究主任になり，４月に年間計画を作成したと思います。しかし，たいての場合，年間予定一覧表は別紙になっていて，研究主任もつい忘れてしまいがちです。
記憶力がとてもよい人はさておき，すべての日程を頭に入れる自信がある人はなかなかいません。

予定表に書き込めば，どんなに忙しくても忘れない！

そこで私は，研究授業の日程が決まり次第，その日にちを転記するようにしています。

週案簿でもよいですし，普段使っている手帳があるならそれでもかまいません。要は，自分が忘れてしまっても自動的に思い出させる場所に転記しておくことが重要なのです。

そして，ここで最も重要なことは，研究授業当日のちょうど１か月前に「○年研究授業１か月前」という項目を記入しておくことです。そうすれば，たとえすっかり忘れていても，１か月前にちゃんと思い出せるというわけです。

１か月前になったら，分科会の世話人にそのことを伝えましょう。「わかっています」と言われれば問題なし，「忘れていました，ありがとうございます！」となれば，その功績は大きいです。

１か月あれば，授業づくりから分科会開催まで，比較的余裕があると思います。わからないことや不安なことを調べたり，相談したりもできるでしょう。もし心配であれば，２週間前にも声をかけたいものです。通常の場合，指導案を完成させて講師の先生に送付するのが１週間前なので，逆算して考えるとギリギリのタイミングになります。

分科会の運営については，基本的に世話人にお任せでよいと思います。研究主任が背負い込むのは，得策とはいえません。具体的な事務仕事は下におろし，その分全体のタイムマネジメントと声かけに徹する。それくらいのバランスがちょうどよいと思います。

（蓑手）

研究方法

18 先行実践や参考資料はどんどん提供しよう

授業を一からつくり出すというのは，相当大変なことです。たいていの場合，先行実践や参考資料に目を通した上で，アイデア出しをします。

しかし，分科会のメンバーが若手中心だったり，忙しさで手がまわっていなかったりすると，せっかくの研究授業がほとんど思いつきのレベルのもので終わってしまうことも……。

そこは研究主任が，情報面で支えたいものです。

before

分科会での授業づくりを進めるために，自分たちで先行実践や参考資料をかき集めて疲弊していく

after

メンバーの負担を減らしながら分科会の研究熱を高めていけるように，研究主任が先行実践や参考資料を提供する

インターネット上には無料で閲覧できる授業の先行実践や参考資料が多く存在します。書店にも多くの本が並んでいます。

しかし，当たり前のことですが，探そうとしなければそれらの情報はないも同然です。また，これまでに授業づくりをしたことがない教師は，そもそもそれらの情報の存在すら知らないこともあります。

なので，研究主任は分科会の世話人と連携し，授業や単元が決まった時点で積極的に情報を収集して渡していきましょう。分科会にとっては重要な情

報となるので，迷惑がられることはないはずです。

ここまで読まれると「いやいや，６学年分もそんなことしていたら，仕事がまわらなくなる！」と思われるかもしれませんが，研究主任は渡す情報に逐一目を通さなくてもよいのです。関連がありそうな情報を，印刷してどんどん手渡していけばよいのです。

校内研究にとって大切なことは，研究主任だけがレベルアップすることではありません。校内のすべての教師がレベルアップすることが重要なのです。

そう考えると，内容の精査や情報の取捨選択は，分科会がやるべきなのです。もしかしたら，分科会が内容をとり違えて授業をつくるかもしれません。しかし，そこも踏まえての研究なのです。

情報提供をすることで，モチベーションを上げる

情報提供をするもうひとつのメリットは，分科会のモチベーションが上がるところです。何からとりかかればよいかわからないと活動は停滞します。まずは考える下地となる材料を，手にとりやすい形で設定するのです。

きっと時間が空いたときに読んでくれるでしょう。目を通しながら「やばい，そろそろやらなきゃなぁ」と思ってもらえたら成功です。

インターネットや書籍に公表されているものなら，内容もそれ相応のレベルのものでしょう。そこがスタートラインになれば安心感も生まれますし，よりよい授業になる可能性も高いです。まさに一石二鳥の方法といえるでしょう。

（蓑手）

研究方法

19 研究通信を発行しよう

学校現場の日常業務は，基本的に学級・学年単位で進んでいきます。もちろん子ども・保護者の安心や深い子ども理解といったメリットもありますが，そのデメリットは「その学級・学年で行われている教育活動が他から見えにくい」という点です。

このことは，校内研究についてもいえます。せっかく分科会で話し合われ，深められたことが，他の分科会からは見えにくいのです。

貴重な研究協議会の時間が，「分科会でどのような話し合いが行われ，どのように決定したか」という質問に大きく割かれることもよくあります。

before

（研究通信を出さないので）分科会で話し合われてきたことを他の分科会のメンバーはわからないまま研究協議会を迎える

after

分科会がどのような経緯・判断で授業をつくってきたのかを全員わかっている上で迎える研究協議会にするために，研究通信を発行する

それでは，どのようにすれば分科会での話し合いを全体に知らせることができるでしょうか。「報告の時間をとる」という手段もありますが，多忙な状況を考えると現実的ではありません。

そこで「研究通信」を発行することを提案します。

紙に書かれているものであれば，手にとった人の都合のよい時間に目を通すことができます。時間もかかりません。

こんな研究通信を書こう

研究授業の1週間前に，以下の点を踏まえた研究通信を発行します。

・今回の授業で工夫したところ
・検討したこと（却下になった案も含めて）
・当日の研究協議会で話し合いたいところ

研究協議会で話し合うべきは，授業方法です。授業をした教師の指導力や学級のまとまりではありません。

分科会でどのような検討がなされ，結果として何を採用したのか。また，何を採用しなかったのか。そこに理由もあると，なおよいと思います。

授業というのは，行われた後ならなんとでも言えてしまいます。言うなれば「後出しジャンケン」です。研究協議会の際は，このことを全員が肝に銘じておく必要があると思います。

授業検討段階では予想しなかった結果になることもままあります。だからこそ，検討段階でどのように予想したのかを共有しておくのです。

研究協議会で，子どもの姿をもとに「やはり却下された案の方がよかったのではないか」という意見が出されたとします。そのことを「分科会の判断不足」と片づけてしまうのか，「分科会ではなぜ，検討段階でその案を却下したのか」について全員で検討するのか，自分に置き換えて考えられるか。

このような研究協議会を繰り返すことによって，すべての教師の授業構成力は確実に上がります。子どもの反応を予想し，どのような授業を設定するか。授業してみて，自分の判断は正しかったか。毎時間フィードバックできる力がつけば，その教師の力はみるみる上がっていくでしょう。

研究通信を発行し，授業づくりを共有する。そこから得られるメリットは大きいと思います。

（養手）

研究方法

20 指導案＋αを送ろう

研究授業の１週間前に講師の先生に指導案を送るのが通例です。指導案に，研究主任があいさつの手紙をつけて送付するだけで終わっていることが多いのではないでしょうか。

いざ研究協議会がはじまると，講師の先生の指導講評が児童の実態といまいち合わない。講話が教師のニーズと合っていない。授業の意図が講師に伝わっていない。そんな様子が見られることがあります。

講師の先生の力を学校に生かすには，どうすればよいのでしょう。

before

講師の先生に指導案しか送らないので，指導講評や講話が学校の実態やニーズと合わないものになってしまう

after

講師の先生の力を学校の力として存分に生かし，満足感の高い校内研究にするために，指導案と補助資料を共有する

講師の先生の力が生かせない。その最たる理由は，情報不足です。

校内の教師と違って，外部の先生には普段の様子やニーズは極めて捉えにくいものです。このことをしっかり意識しておきましょう。

では，どのようにして講師の先生に情報を提供するか。

講師の先生も，きっと忙しい身。ゆっくり話す時間はとれないでしょう。

そこで，指導案とともに＋αを送付してみてはどうでしょう。

・これまでの研究通信をまとめて送る
・前回の研究会での感想を送る
・研究テーマの設定にいたった学校の課題意識を伝える

研究協議会をトータルコーディネートする

公では言いにくいことも講師の先生には知っておいてほしいものです。具体的には,
・教師の研究への意欲,同僚や管理職との関係性
・子どもの実態,他の教師が気づいていない課題
・校内研究を通して,教師にどのような力をつけてほしいか
・どのような話に寄せてほしいか

研究協議会をトータルコーディネートするのが研究主任の仕事です。そのために,積極的に講師の先生とつながり,協力を呼びかけましょう。熱意が伝われば,きっと力を貸してくれるでしょう。

情報提供のコツは,よい面ばかりでなく,悪い面もありのまま伝えることです。見栄をはっていては,成長は見込めません。

現在の研究について教師はどの段階か。ほめてモチベーションを上げる段階なのか。国内外の最新情報を増やして意識を高める段階なのか。膠着している考え方を打開する段階なのか。叱咤激励して高める段階なのか。

研究主任として,自分の見取りを信じて伝えましょう。もしかしたら,うまくいかないかもしれません。しかし,大事なのは,考えて動いたことです。事後には,講師の先生にお礼とともに,アドバイスをもらうとよいでしょう。今回の方針がどうであったか。これからどのように進めていくとよいか。

挑戦や変化は,成長への第一歩です。踏み出せば,成功に可否はあれど,成長は可以外にありません。

(養手)

●●小学校

校内研究通信①

研究主任　○○

> 教務主任の教員です。子どもたちは明るく元気，プログラミングも１年生の頃から楽しく取り組んでいます。すべての子が一通りロボットを動かせる状態です。教員はIchigoJam未経験が半分ほど。セッティングの仕方からレクチャーいただければ幸いです。

今年度一発目の研究授業は，低学年部会からの提案です。２年１組の△△学級で，「はじめまして！　プログラミング」という単元で，IchigoJamでロボットを動かすことにチャレンジします。講師は□□先生です。

> 先生の分も用意しておきます。授業中でもご覧いただけますので，ぜひご活用ください。本校教員は代替案を出すのはあまり得意ではないかもしれません。

【当日の時程】

13:30〜14:15　研究授業
(schoolTaktに視点に沿って書き込みながら参観)
[プログラミング→第１回校内研究会]

14:15〜14:20　協議会の形に変更しクラスごとに座る

14:20〜14:30　schoolTaktで意見を読みつつテーブルごとに議論

14:30〜14:35　校内研究協議会開始（司会　○○）
①校長あいさつ（講師の紹介も兼ねて）
②分科会提案（低学年分科会：▲▲）

> 教員を子どもに見立てて体験します。先生はサポートにまわっていただければ幸いです。質問等が出ましたらご対応お願いします。

14:35〜15:05　再現授業とそのとき感じたことの振り返り

> 本校校長も加わります。最初に指導講評を15分ほどいただいた上で，全体を巻き込みながらその都度ご質問に答えていただければと思います。もちろん先生からの逆質問も大歓迎です。
> schoolTaktに書かれた意見も参考にしながら進める予定です。

15:05〜15:45　ディスカッション（□□先生×△△先生×校長×○○）

15:45〜15:50　授業改善に向けて各自で考える

15:50〜16:00　校内研究協議会終了
①協議のまとめ（○○）
②謝辞（副校長）

17:30〜　おつかれさま会

●●小学校

校内研究通信②

研究主任　○○

先日は第１回の研究協議会，ありがとうございました。

子どもたちが協力しながらのびのびと楽しめる，とても素敵な授業を見させていただきました！

年度はじめのあわただしい時期に，念入りに準備してくださった△△先生と低学年部会の先生方に感謝です。

研究協議会でもよい感想が多く寄せられました。講師の□□先生のお話も示唆に富むものでしたね。夜の反省会も大いに盛り上がりました！

以下，○○の覚書です。

【○○の学び】
①グルーピングについて。異質，同質。特性を把握する難しさ
②お互いのプログラムを比較して気づくこと
③答えは１つではない！
④10歳までに，カードを100枚並べられる頭の広さを
⑤協同学習には，教師の介入が必要不可欠
⑥子どもの「知りたい！」を生み出す

【分科会の振り返り】
1　子どもの変容
・昨年度に比べて，さらに意欲的に取り組んでいるように見えた
・個別化・個性化だけでなく，協同という視点でグループに１台のタブレットとロボットを与えたことにより，高まりが見えた
・「こっちにするのかな」「こうするのかも」と話し合い，試行錯誤しながら課題をクリアし，動かし方を習得していた

2　今後の課題
・グループによっては順番を決める必要がある
・グループ編成で異質グループの組み方が有効かどうかの検討が必要
（・研究授業は人手があるが，担任ひとりでできるものだと今後も続けやすい）

3　その他
・カードは見やすく，チームごとの考えが比べられた

研究方法

21 研究通信は，Iメッセージで書こう

研究授業，研究協議会が終わりました。それはとても提案性のある授業で，自分なりに試してみたいこともありました。研究協議会では，今まで知らなかったことを知れました。

しかしその翌日も，日常の授業や業務は続きます。

どんなに実りのある研究授業や研究協議会が行われたとしても，多忙さの中で忘れ去られてしまうことがあります。

学びをしっかり定着させて，日常の教育活動に，そして目の前の子どもたちに生かしていきたいですよね。

before

事後に研究通信を出さないので，校内研究で得た知識や学びが，多忙な中で忘れ去られていってしまう

after

校内研究で得た学びが一人ひとりの教師にしっかりと定着し，日常の教育活動に生きるよう，事後に研究通信をIメッセージで書いて出す

なぜ，学びが定着しないのか。それは，思い出したり，まとめたりする時間がとれないからです。

ものごとは，思い出すときに脳に記憶として定着するそうです。どんなによい学びがあっても，思い出す機会がなければ脳内の棚にしまわれ，使われないまま終わってしまいます。

そこで，事後にも研究通信を発行しましょう。
どのような授業で，どのような研究協議会がなされ，どのような講話があったか。それが紙で配られることで，多忙な中でも個々の空いた時間に手にとって読んでもらえると思います。
とはいえ，ダラダラと長く書いてしまっては読む気になりません。
また，そもそも学びは個々の教師によっても違います。
そこで，研究通信はＩメッセージで書くことをオススメします。

Ｉメッセージとは

Ｉメッセージとは「私」を主語にしたメッセージです。
研究主任である自分が感じたこと，自分が新たに得た視点や考えたこと，自分の授業に取り入れようと思ったこと，講話から学んだことをそのまま書いてみましょう。
きっと読み手である教師は，研究主任がどのようなことに学びを得たのか興味をもって読んでくれると思います。
その中で，その日の学びを思い出したり，自分の学びと比較したり，新たな視点に気づいたりといったことが期待できます。もしかしたら，研究通信がきっかけとなって，職員室で教育の議論が起こるかもしれません。
押しつけがましくならないためにも，Ｉメッセージで研究通信を書いてみましょう。自分にとっても，よい学びのまとめとなります。
あわせて，事後の分科会の振り返りを入れるとなお効果的です。
全体での協議を受けて，分科会としてはどんなことを感じたのか。これまで多くの検討を重ねてきた上での授業だったはず，きっと感じることや伝えきれなかったこともあったことでしょう。
分科会の振り返りは，他の分科会にとっても次につながる大きな学びとなります。ぜひ，一緒に掲載しましょう。

（蓑手）

研究方法

22 研究紀要をつくるかどうか見直そう

あなたは，研究紀要を何冊持っていますか。その中で，自身の授業改善や教育実践に役立ったものは何冊ありますか。研究紀要は，学校にいらっしゃる外部の方にお渡ししたり，教育委員会で保管されて誰でも参照できるようになっていたりします。研究紀要をつくるプロセスが重要といわれることもあります。今の時代にはどんな研究紀要が求められているのでしょう。

before

毎年つくっているからつくる。つくっただけで見返すことがない研究紀要

after

つくったものを誰が見るのかをイメージして内容を精査した研究紀要

研究紀要，毎年手元に増えていくけれど…

私はこれまで研究会に参加させていただいたり，自校でつくったりしたものを100冊近く持っています。場所をとるので，スキャンして文字で検索できるようにはしていますが，その中で役立ったと思えるものは正直なところ数えるほどしかありません。（ごめんなさい）

職員室の棚にも近隣校の研究紀要がたくさんあり，多くのスペースをとってしまっているのではないでしょうか。教育委員会から配付される冊子も含

め，周知するために作成しているものが活用されずに眠ってしまっているのはとてももったいないことです。CD-Rなどを使い研究紀要を印刷しない方法や，ホームページに公開する方法もあります。印刷する手間や製本コストなどに目を向けて，事務作業にかかる時間を短くすることはとても大切です。余白の大きさやフォント，ページ番号を揃えるなどの作業は想像以上に時間がかかります。ここでは，そこからもう一歩踏み込んで，研究紀要をつくるかどうかを見直していきましょう。

研究紀要をつくらなくてはいけない場合は，どうしても必要な部分となくても困らない部分に分けましょう。以下のうち，どうしても必要な部分はいくつありますか。

・研究授業の指導案
・授業風景の写真・板書記録
・研究協議会記録
・分科会による成果と課題
・実態調査の結果
・校長あいさつ
・研究構想図

もちろん誰が受け取るかによって必要な部分とそうでない部分は異なると思います。自分が受け取るとしたら，いかがでしょうか。配付用にどうしても必要な部分のみ抽出して，リーフレットを作成し，詳細はQRコードなどでリンクをつくって，PDF化したものを，オンライン上にのせておくのもよいでしょう。でき上がったリーフレットは，来校者に配付してもよいですし，ホームページにのせてどんな研究を行っているのかを，地域・保護者・他校の教師に発信してもよいでしょう。１年間の努力を研究紀要にのせて共有することは，とても大切なことです。たくさんの方に見ていただき，活用していただけるよう，見たいときにいつでも手軽に取り出せる場所で共有するとよいのではないでしょうか。

（館野）

研究方法

23 研究授業を軸に，教材研究を一緒にする時間をつくろう

校内の教師の授業改善や組織力の向上を目指す上で，研究授業はあくまで「点」です。それを「線」としてつないでいくことが必要で，どう普段の授業に落とし込んでいくかが重要です。しかし，その点をあまりに大きなものとして捉えてしまい，点が点のままで終わってしまうことはないでしょうか。

before

分科会以外では，お互いの授業について話す機会がない

after

普段からお互いの授業を見合ったり，相談したりできる関係性をつくる

1時間の研究授業に向けて，たくさんの時間をかけて準備したり，1単元を丁寧に扱ったりすることは，授業力をアップさせるためにとても重要なことです。しかし，研究授業を大切にするあまり，普段の授業に時間をかけられなかったり，授業者以外が時間をかけないと再現できないような授業になってしまったりしていては，授業実践を持続可能なものとして，たくさんの子どもたちに還元できるとはいえません。

私は，毎週1時間程度は，空き時間に同僚の先生の授業を見せていただくことをルーティンにしています。そして，放課後に10分ほど授業について話す機会をつくろうとしています。学校行事で空き時間がなかったり，宿題のチェックや採点，事務作業でできないことも多かったりしますが，とても刺

激を受けます。

分科会を一緒に組んだ同僚の先生の授業を普段から見合ったり，指導案検討以外で話し合ったりする時間を設けることは難しいでしょうか。先日，視察にうかがった小学校では，授業をとても大切にされている校長先生のマネジメントで，会議を精選して，放課後に毎週「学年連絡会」と「学年研究日」を設定していました。うらやましい限りです。

授業を通して，学び合う職場に

1年に1回の研究授業を通して，数人の分科会のメンバーで学ぶことに加えて，普段から授業を見合えるような環境づくりもしていきましょう。授業力の向上を目的とした校内研究や，校内研究を軸に子どもたちのために常に授業改善をしていくという姿勢は，研究授業という点を線へ，そして面へとつなぎ，普段の教育活動の効果を上げていくと考えます。

横浜市のように，「メンターチーム」をつくり，経験の少ない教師が集まって校内で研修をしている事例もあります。先日うかがった市内の小学校では，“メンター研”という，4～5年目の教師が1～3年目の教師のために授業研究や学級経営について学ぶ場づくりをしていました。管理職のトップダウンではなく，ボトムアップで教師を育てようという雰囲気がすばらしかったです。市の教育委員会が「メンターチーム」を支援するという点も校内のOJTを推進する力となっています。

全国や各都道府県にある研究会に所属して他校の先生方と積極的に学び合っている方もいらっしゃるでしょう。校外での学びを勤務校で生かし，OJTで経験年数の少ない後輩と一緒に育ち合うことができたらと考えています。このように校内研究がハブとなり，日々の授業改善に取り組めるような職場をつくりましょう。

（館野）

研究方法

24 指導案づくりを見直そう

みなさんの学校では，研究授業当日までに，何回指導案検討会を行いますか。そして，その検討会は勤務時間内に行えていますか。指導案の検討は，研究授業や研究協議会の時間を，授業者と参観者にとってメリットのある時間にするための資料づくりといえると考えます。

before

つくることが目的となってしまう指導案検討会

after

指導案の出来栄えよりも，授業の中身について検討できる指導案検討会

指導案の検討をしていると，指導案をつくることが目的化してしまっているように感じることがあります。誤字・脱字はもちろんない方がよいですし，形式として整え，文章や研究として整合性のあるものにしていくことはとても大切です。ただ気をつけないと，学習指導要領に準拠しているか，指導案として正しい形式かなどということにとらわれてしまい，指導案づくりや検討会が授業者だけでなく分科会のメンバーの負担を増やしてしまうことも考えられます。指導計画や本時の流れ，ねらい，評価規準などもとても重要ですが，すべてに力を注いでいると，授業者や分科会メンバー，そして指導案を読む参観者がたくさんの情報を処理しきれなくなってしまうと思います。

指導案をつくることが目的にならないように

そこで，思いきって指導案の内容を精選するのはいかがでしょうか。つくる側と見る側にとって価値のあるものにしたいです。例えば，研究授業の指導案をＡ４用紙１枚の略案程度にして，１時間の授業についてじっくりと議論をしたり，研究協議会で本時の子どもの様子や教師のふるまいなどに着目して話し合いを進めたりします。そうすることで，つくる側の負担が少なくなり，深い議論ができることもあるでしょう。また，参観者もポイントを絞って見ることができるのではないでしょうか。

他にも，単元全体でどのような指導をしていくのかを詳細に書く方法が考えられます。単元計画を教科全体の目標や研究主題などと結びつけて作成することで，より大局的に学習を捉えることができ，本時の１時間だけで参観者がよい授業かそうでないかを判断することが少なくなります。その１時間で，身につけさせたい資質・能力をすべての子どもに身につけさせようとすることも重要ですが，単元全体で長期的な視野で身につけさせようとする方が，臨機応変に子どもの実態に合わせられるのではないでしょうか。

また，本時案を詳細に作成することで，授業者がそれに沿った授業展開に縛られてしまうことも考えられます。本時の子どもの反応を予想し，じっくりと手立てを考え，単元計画を練り直して，単元全体の学習プロセスのひとつとして研究を捉えることももちろん重要ですが，細かい文言のチェックが行き届いていて，考え得るすべての内容が盛り込まれた十数ページにもわたる丁寧な指導案を長時間パソコンに向かって作成するよりも，分科会のメンバーとの対話をベースにした授業づくりを目指していきたいです。

指導案は，授業者にとってはアウトプットできるものとして価値があるものですが，参観者が効果的にインプットできる量になっているかも意識していく必要があるのです。

（館野）

分科会・全体会・研究協議会

25 それぞれに役割をもってもらおう

4月，分科会が組織されます。

これから1年間，研究を進めていく同士です。できれば，一人ひとりの教育観や研究テーマに対する思いが聞けるとよいですね。

たいてい，まず決めるのは授業者。そして，前述したように，世話人を決めるところも増えてきたかと思います。

しかし，その他のメンバーが何をやるかまで決めることはなかなかありません。

そうなると，授業者や世話人にほとんどすべての業務が集中し，分科会内で偏りが出ます。それはあまりよいことではありませんよね……。

before

役割を明確に定めないので，授業者や世話人だけが大変な思いをし，分科会がまとまりきらない

after

分科会がみんなで協力し，団結して進められるように，役割を細かく分担して明確にする

それでは，授業者や世話人以外はなぜ協力してくれないのでしょう。他のメンバーは気がきかないのでしょうか。

いえ，そんなことはありません。

他のメンバーは，何をしたらよいのかがわからないのです。

授業は授業者がつくるので，変に口出ししたらよけい悩ませてしまうかもしれない。

周りとの連絡・調整は世話人の仕事。横から口出ししたら，気分を害すかもしれない。

でも，他にやることって何？

そんなふうに思い悩み，結局何もできないだけかもしれません。

実は，分科会の業務は，授業づくりと連絡・調整がほぼすべてなのです。

1人1役，明確な役割を決めてみよう

授業者や世話人の仕事を一人ひとりに割り振りましょう。

例えば，児童の実態を書く担当。アンケートをつくったり，集計したりすることもあるかもしれません。

分科会のテーマに迫る手立てをまとめる担当。分科会提案などもあわせて準備してもらうとよいでしょう。

毎回記録をとる人がいると，授業者にとっても大きな助けになります。

多少面倒くさく感じても，思いきって担当を割り振ることです。

担当があることで，一人ひとりが主体的に研究について考えるようになります。

また，「これはあの人の仕事」とわりきることができるので，思い悩むこともありません。

全員が研究にコミットし，満足感も高まります。

それでも困ったら，相談して助け合えばよいのです。

（養手）

【高学年部会】

〈研究テーマ〉
21世紀をひらく「新しい学び」の創造
～総合的な学習の時間におけるプログラミング授業を通して～

〈分科会テーマ〉
PBL 学習におけるリフレクションの在り方

〈役割〉
・世話人（　　）：研究部や他の部会との相談・調整
・授業者（　　）：当日の授業！
・分科会提案者（　　）：提案をまとめ，研究協議会当日に発表
・書記（　　）：毎回の議事録をとり，その都度全体に配付
・進行・調整（　　）：毎回のレジュメ作成と司会進行

分科会・全体会・研究協議会

26 指導案はどんどん共有しよう

世話人を中心として時間を調整し，いよいよ分科会。

そこで指導案が配られ，分科会のメンバーがはじめて目を通します。

伝わりにくいところを補足したり，教科書や教材を持ち出したり，文言の訂正をしたり……。

せっかく忙しい中集まったのに，どんどん時間が過ぎていきます。

「あら，この単元だったら指導案があったのに」

「ここならたしか，参考になる先行事例があったような……」

そんなもったいない時間になること，ありませんか。

before

指導案などの情報が事前に開示されていないので，分科会に時間がかかってしまい，疲弊する

after

準備万端にし，主体的かつ短時間で，生産性の高い分科会となるように，事前に指導案などの情報をその都度共有しておく

授業者は，分科会に向けて事前に指導案をつくりはじめると思います。単元が決まった，教材が決まった，という時点で指導案をつくりはじめましょう。そしてその指導案を，みんなが見られるところに置く。インターネット上の共有フォルダなどがあるなら，そこでもよいですね。

分科会のメンバーも，こまめに見るようにしたいところ。ですが，忙しく

て，更新してもなかなか気づけないこともあります。

授業者は，指導案を更新したら世話人に伝え，分科会のメンバーにその都度拡散してもらいましょう。世話人以外に「拡散係」をつくって，声をかけてもらうのも効果的です。逆に世話人なら，授業者から指導案を更新したという声かけがなければ，授業づくりを促すこともできるので一石二鳥です。

事前情報があることによるメリット

分科会までに，全員がどの教材でどんな授業をするのかをイメージして集まれるので，話し合いの内容もより深いものとなります。

それまでに書籍などで知識をつけて参加してくれるメンバーもいるでしょうし，先行事例を持ち寄ってくれるメンバーもいるかもしれません。

授業者の方向性さえわかれば，周りは手伝ってくれるもの。授業者を引き受けてくれた恩があるからです。

もし周りが手伝ってくれないとしたら，それは授業者のコンセプトが定まっていない，または共有されていないからです。

周りも遠慮して，手伝えなくなってしまっている場合がほとんどです。

指導案をどんどん共有し，情報を開示していきましょう。

どの分科会でもこれを実現できるよう，研究主任が働きかけていけるとよいですね。

（蓑手）

第５学年　プログラミング授業　学習指導案①
【本時案】単元名「とべ！ドローン」（5/18）

5年１組　27名　指導者：●●●●
5年２組　28名　指導者：●●●●
5年３組　28名　指導者：●●●●

〈本時の活動〉
・どのようにプログラムすると，ドローンが自分の意図した通りに動くのかを考えて，それぞれの課題に進んで挑戦する
・BASIC言語を使い，失敗しても粘り強く取り組む
・友達とコミュニケーションをとりながら，協働して進める

①説明　10分
1　前時までの確認
・基本の動作とプログラムの確認
2　めあての確認
・前時につくったプログラムの確認
・本時のめあてを設定

②個別　③共有・協働　25分
・１人１台のIchigoJamを使い，ドローンを動かすプログラムを作成する
・飛ばせるようになった子どもは順次，自分の意図した動きに挑戦する

・友達に聞いたり，友達に教えたりする
・エラーやバグがあった場合は，協力して間違いを探す(デバッグ)
・友達の作成したプログラムを参考にする

新しい表現メディア
プログラミング
新しい学びの象徴
コンピュータとのコミュニケーション

④振り返り　10分
・schoolTaktで，当てはまるものを丸で囲んだり，本時の感想や課題，次時への目標を書いたりして振り返る
・順次感想を交流する

27

分科会・全体会・研究協議会

すべてのメンバーが事前授業をしよう

何度も書いてきたことではありますが，やはり，大変なのは授業者。

１年間の校内研究を通して，一番大変なのも授業者だし，一番学びが大きいのもやはり授業者なのです。

ともすると，他のメンバーは「私，授業者じゃないから……」と，研究に後ろ向きになりがちになります。

しかし，それではいけません。

校内研究の本質は，あくまで「すべての教師の指導力向上」です。

分科会のメンバーにとって自分事になるように進めていきましょう。

before

授業者以外のメンバーは授業をしないので，授業者にお任せになり，人によって学びに差が出ている

after

授業者以外の教師も自分事として参加し，全員にとって学びのあるものにするために，メンバー全員が授業をするような計画を立てる

それでは，どのようにすれば，授業者以外のメンバーが自分事と感じてくれるのでしょうか。

その方法はシンプル。「授業をしてもらう」ことです。

やはり，授業をすることが一番指導力の向上に直結します。

きっと「学年の発達段階が違う」とか「私，専科だから」といった声も出

るでしょう。
同じ授業構成でなくてよいのです。
手立ての一部でも，エッセンスでも，やってみることが大切。
自分流にアレンジすることで，新たな気づきがあるかもしれません。
授業をやってみて，その中で感じたこと，子どもの反応を，その後の分科会に持ち寄るのです。
中には，やったけれど全然だめだったということもあるでしょう。
それでもよいのです。やってみた教師の指導力は，確実に上がっているはずです。
自分でやっているからこそ，検討会で意見がもて，主体的になれるのです。

授業をすることで，主体的な研究になる

みんなでつくり上げている授業と自分の普段の授業を比較することで，自分の指導観を見直すことにもつながります。
なにより，授業者が「がんばっているのは自分だけじゃないんだ」と，孤独にならずにすみますよね。
メンバー全員に，事前授業をやってもらいましょう。
どうやればよいかわからない，という教師がいたら，どうやったらよいかを分科会で相談すればよいのです。
やってみることが大事です。
何度も実践をした授業は，きっと屈強な授業となっているに違いありません。
分科会としての提案内容の説得力も増すことでしょう。

（蓑手）

分科会・全体会・研究協議会

28 チェックイン・チェックアウトカードを活用しよう

全体会には，全教師が参加することが多いと思いますが，その中でどれだけの人が前向きに参加できているでしょうか。様々な仕事に追われる中で，何も役割を担っていなければ，その場にとりあえず座って聞いているという状況もありそうです。全体会に対するモチベーションを高めるにはどのようにしたらよいのでしょうか。

before

その場に座らされ，話し合いをさせられている全体会

Update!

after

こんな話し合いにしたい，そのために何ができるかを考えながら話し合える全体会

ちょっとしたアイスブレイクが学び合いを促進する

チェックイン・チェックアウトは，ホテルで宿泊の手続きをする際に使われる言葉ですが，この場合のチェックインは，全体会に対するチェックインを指しています。それだけではよくわかりませんね。チェックイン・チェックアウトカード（製作著作：リフレクションメソッドラボラトリー）は会議，イベント，セミナーの場づくりで活用されているもので，本題に入る前に参加者の状態や気持ちを共有するためのツールです。

もちろん何も仕掛けがなくても，「さあ，研究がんばるぞ！」「他の先生と話ができるのが楽しみだな」「話し合いがうまくいくために自分には何ができるだろうか」などの気持ちになれている学校には不要なツールです。しかし，日々の業務に追われて，ようやく子どもたちが帰った後，疲れはてている状況でいきなり「さあ，みなさんで話し合いましょう！」と言っても，なかなか気持ちが乗らない方も少なくないのではないでしょうか。

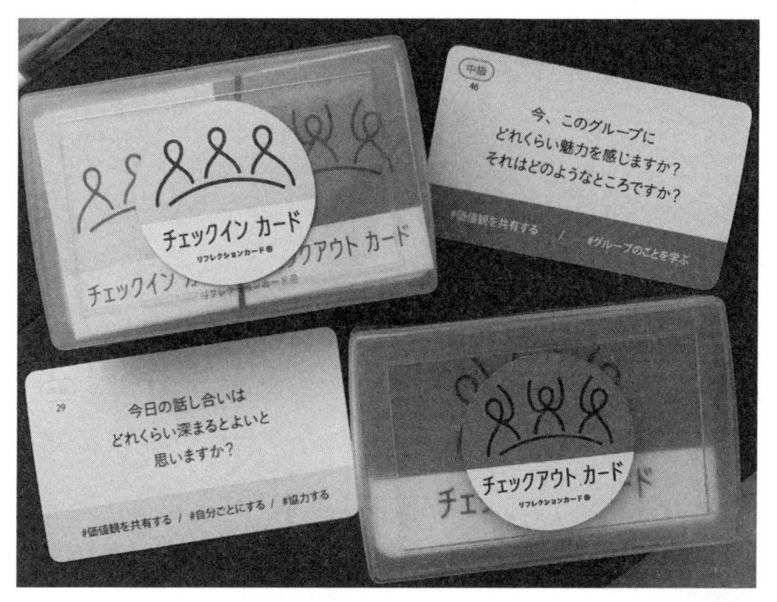

チェックインカードには49個の問いが，チェックアウトカードには73個の問いが書かれていて，初級～上級にレベル分けされているので，教師集団の関係性や状況に応じて使い分けられます。最初は，誰でも瞬時に答えられるようなカードを抽出して，グループに配付しておくとよいと思います。

話し合いの前後に短い時間で，全員が一言ずつカードに書かれた問いに答えていくことで，少しずつ話し合いがはじまる際の心構えや，その場に対する貢献意欲が変わってくると思います。一度だけでなく，複数回使えるとよいと思います。

（舘野）

29

分科会・全体会・研究協議会

子どもになって，一場面を再現しよう

研究協議会で攻略しなければいけない難点のひとつ，それは，意見やアイデアが出ないことです。

思ったようにうまくいかなかった。子どもの活動に迷いがあった。教師の指示は，はたして今回のものでよかったのだろうか。もやもやしつつも，発言が続きません。そうなると，空気は徐々に重くなっていきます。

その空気の重さから，よけいに言えない……という魔のループに陥ってしまうことも。

どうすれば，多様な視点で授業を考えられるようになるのでしょうか。

before

学習者の立場になりきれず，研究協議会で意見やアイデアがなかなか出ず，重い空気に包まれる

after

場の空気がなごみ，学習者視点で新たな視点やアイデアが生まれるように，子どもになって授業を再現する

事前に授業者に研究協議会で再現授業をしてもらうようお願いしておきましょう。45分は長いので，15～20分くらいがよいかと思います。こう言うと「そんなに短くできない！」と思われるかもしれません。「伝わるようにするには，あれもこれもやっておかなきゃ……」と思われる方もいるでしょう。しかし，普通の模擬授業とは違います。子ども役として参加する教師は，つ

い今しがた授業を見ていた参加者です。指導案にだって目を通しています。発問の意図は，言わずもがなです。いくら子どもになるといっても中身は大人。そこは大人になってもらいましょう。それが可能なのが，再現授業です。

学習者視点で，新たな気づきを促そう

教師が子どもの立場になって，ワークや話し合いをしてみると，今まで気づかなかったような視点をもてることがあります。

「子どもってこんな気持ちなんだなぁ」

「ここは答えにくいな」

「ここでほめられるとうれしい！」

「ここはなんかソワソワして，不快な気分になるなぁ」

きっと様々な感情がわいてくると思います。

子どもはうまく言語化できないだけで，感情は揺れ動いているのです。

研究主任は再現授業の様子を見ながら，ナレーションを入れてみるのもおもしろいです。

「△△さん（先生），とってもいい気づきでしたね！」

「□□さん（先生），困ったら周りの友達に聞きましょう，と言われていますが……なかなか勇気が出ません！　粘っております！」

場を盛り上げつつ，自身の感情に気づかせるようなコメントができるとよいですね。

その後の研究協議会でも，「先生方も，なかなか切り替えられなかったですよね」など，折にふれて思い出してもらうような声かけをすると効果的です。

（蓑手）

分科会・全体会・研究協議会

30 グラレコを活用しよう

研究授業を積み重ねていくと，協議会記録として，研究協議会で協議したことや講師の先生からのご指導が蓄積されるでしょう。では，その蓄積されたものをどれだけ活用できているでしょうか。話し合ったことや講師の先生から指導をしていただいたことを，教師全体で共有し，今後に生かせるようにするために，どんな手立てを講じることができるでしょうか。

before

研究協議会で話し合ったことは記録としては残ってはいるが，それが活用されることはない

after

研究協議会で話し合ったことや研究のプロセスが可視化されている

プロセスを可視化することで，学びを共有する

研究授業後の研究協議会や講師講評の最中に，疲れて目を閉じていらっしゃる方をよく見かけます。私自身もそのひとりとなってしまっていることがあります。研究協議会で目が覚めるような熱い議論が交わされたり，講師の先生の話を夢中になって聞いたりすることができる人が多い場合は，特に問題はないかもしれません。しかし，私がこれまで参加させていただいた研究協議会では，講師の先生やある一部の方だけが話をされていて，よくわから

ないまま聞き流してしまっていたことも少なくありません。

以前「FAJ（日本ファシリテーション協会）」というところで学ばせていただいたとき，ある手法に出会いました。ファシリテーション・グラフィックとグラフィックレコーディングというものです。

ファシリテーション・グラフィック（以下ファシグラ）は，普段行っている板書と共通するところがたくさんあると感じていましたが，グラフィックレコーディング（以下グラレコ）は学校現場で活用しようとは考えていませんでした。しかしここ数年，教育関係のイベントや勉強会にグラレコを取り入れていることが増えてきたように感じます。書籍を読み直し，見よう見まねでチャレンジしてみることにしました。最初は全体会の年間講師の先生による模擬授業と講演を，図工専科の先生を巻き込んでかいてみました。終了後，色あざやかにかかれた記録を見た講師の先生や同僚の先生に「すばらしい！」と声をかけていただき，ほっとしたことを覚えています。年度当初の全体会以降，５回の研究授業後の研究協議会でかかれたグラレコが会議室に常に掲示されていて，これまでの研究のプロセスを可視化することができます。また，年度末に成果と課題などをまとめる際に，特別教室などの広いスペースに模造紙をすべて並べて振り返る際にも活用することがおすすめです。

（館野）

分科会・全体会・研究協議会

31 カフェで話すような気軽な研究協議会にしよう

研究授業を見て感じたことや考えたことをすべて研究協議会の中で話せていますか。研究協議会で講師の先生や同僚の先生が話したことについて感じたことや考えたことを誰かに伝えていますか。研究協議会でカフェにいるように気軽に話せるようにするにはどのような手立てが考えられるでしょうか。

before

一部の人だけが話すのを聞いたり，誰かが話すだろうからと沈黙が続いたりする研究協議会

after

全員が話したくなるような，アットホームな研究協議会

本音をつい話してしまうような研究協議会に

「全員参加の授業」や「どんな子でも発言したくなるような授業」を目指しているプロの教師集団であるはずの私たちは，大人同士の職員会議や様々な会議で，そのような場づくりをしているでしょうか。子どもと大人は違うという声が聞こえてきそうですが，はたして子どもと大人で「話し合い，学び合う」時間にどのような違いがあるのでしょう。

ロの字型に机を並べて「どなたか発言のある方はいらっしゃいますか」という司会の声ではじまり，一部の人が話して，それ以外の人は聞くだけで，

半分以上は夢の世界に行ってしまっているような研究協議会に，これまで少なくない回数参加してきました。中には，参観者に強制的に発言させるという研究協議会もありました。私も４年目の区の研究協議会で，最初に話す方にだけ事前にお願いしておいて，その方が次の発言者にマイクをパスしていくという方法をとったことがあります。たしかに発言者は増えましたが，発言が終わりマイクを渡そうとすると近くの方が一斉に下を向いてしまい，誰にも渡せないということが何度かあり，今考えると発言者の方はあまりいい思いをしなかったのではと思います。苦い思い出です。

全体での発言が出ないため，分科会に分かれてそれぞれのグループで１人１つ発言してから代表（そのときは世話人の役割の先生）がどんな話が出たか発表するという方法をとっている研究協議会もありました。世話人の先生の負担が大きいだけでなく，それ以外の方は言いっぱなしになっていました。また，ある研究協議会では半数近くの先生が「授業の最後の方しか見ていないので，何もありません」と言う悲しい事態になっていたこともあります。

校外の研究会でワークショップ型の研究協議会に挑戦したこともありました。３～４人のグループをつくって話しましょう！と促しても，「私は関係ない」という顔で，石のように動かないベテランの先生もいて，司会としてとても苦労しました。

以上のような失敗経験を経て，ここ数年は，校内研究の協議会では，KJ法（川喜田二郎著『発想法』より）を取り入れて，グループ協議から全体協議という流れを提案しています。KJ 法自体は50年も前からある手法で，研修などで体験したことのある先生も多いようです。経験年数の浅い先生や他校から異動してきた先生が多い場合も，研究授業の度に行うことで次第に慣れてきて，相手が書いた付箋の内容を聴こう，聴いた後に自分の考えを伝えよう，考えながら発表を聴こうという姿が増えてきたように感じました。この手法に感動した先生が，その後の研究授業で子どもたちに付箋を使った授業に挑戦させてみるきっかけにもなりました。

（舘野）

分科会・全体会・研究協議会

32 事後に，振り返りの時間を確保しよう

分科会では時間をかけて指導案について話し合い，授業に向けて他のクラスにも協力していただき何度も話し合っていたメンバーとも，研究授業を終えるとぱったりと話し合う機会がなくなってしまい，研究紀要に向けての成果と課題を話し合うまで，授業がやりっぱなしになってしまうことはないでしょうか。

before

研究授業後しばらくしてから，研究紀要に成果と課題を載せるために話し合う

after

研究授業を行った単元の学習終了後，なるべくはやく成果と課題をまとめる

研究授業を行った単元の学習が終わったらすぐに分科会を開いて，研究の成果と課題を記憶がはっきりしているうちにまとめておきましょう。単元の前と後でどのような変化があったのかをアンケートなどで定量的に比較したり，記述できる設問を設けて定性的にどのような変容があったかをまとめたりして，分科会で共有しておくとよいでしょう。さらに，可能であれば研究紀要に載せるための写真やワークシート，ノートなどのコピーをしておきましょう。

また，研究授業は点であり，研究授業が終わっても研究の目的は達成され

ていません。他の教科や領域と線で結び，１年を通して子どもたちに対して，研究主題や目指す子ども像に向かって継続的に手立てを講じていかなければなりません。

それぞれ分担したページのことしか知らない状態で製本された研究紀要を，じっくりと読み直すことは稀でしょう。研究紀要をつくって満足してしまうような，手段の目的化は避けたいものです。

振り返ることで，次につなげる

授業を振り返る際，グラレコ（99ページ参照）やKPTフレームワーク（47ページ参照）が役に立つこともあるかもしれません。

ただ気をつけておきたいのは，様々なツールを教師集団にとってストレスの大きいものにしないようにすることです。誰しも新しいことに挑戦するにはエネルギーが必要なものです。一度に様々なツールを盛り込んでいくよりも，年に１つ程度，新しい手法にチャレンジできるとよいと考えます。

私は右の図を，とあるPA（プロジェクトアドベンチャー）の研修会で教えていただきました。

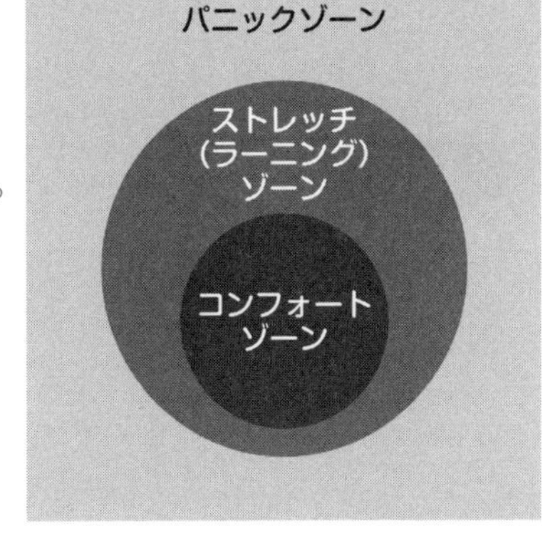

教師集団のみなさんは，コンフォートゾーンを「自己決定による挑戦」によりストレッチゾーンに広げていく必要があります。研究主任ひとりが躍起になってストレッチゾーンに広げていっても，パニックになってしまう人が出てきてしまうのではないでしょうか。

（館野）

分科会・全体会・研究協議会

33 分科会の振り返りを共有しよう

研究授業を通して，分科会の中での相互理解が深まるのが理想です。

一方で，険悪ムードになってしまう危険性があるのもまた事実。

「私ばっかり……」とか「本当はこうしたかったのに」とか，それぞれにいろいろな思いがあることでしょう。

その発散としても，振り返りの場は有効です。研究協議会では，出された質問に「本当はこう答えたかった」ということもあるでしょう。

それぞれの思いを表現する場を設定し，全体に共有する。それが，より強固な集団を形成していきます。

before

研究協議会が終わったと同時に分科会も解散。それぞれの感じたことや思いがモヤモヤしたまま終わってしまう

after

分科会でそれぞれの思いを出し，振り返りを共有する。一人ひとりの思いをみんなで受け止め，知り合う機会に

分科会とはいえ，たまたま集められたグループ。それぞれの個人の思いは様々です。その前提は，しっかりもっておきたいところです。

振り返る機会を多様に確保する

まずは，分科会での事後の振り返りとして，研究協議会で出された意見をもとに自分たちがつくった授業を再検討します。

きっと思い通りにいかなかったこともあったでしょう。

本当はこうなるはずだったのに……くやしい思いもあるかもしれません。

逆に，想像以上にうまくいったこともあるのではないでしょうか。

そうなると，「あんなにうまくいくなら，もっとこうすることもできたよね」と，新たなアイデアが浮かんでくることだってあります。

手立ての有効性が伝わりきらないことだってあるでしょう。

子どもの変容やこれまでの経緯，今後の見通しなど，研究協議会という限られた時間の中では語り尽くせなかった思いもあるかもしれません。

そんな思いの丈を，労いとともに分科会振り返りとして場に出しましょう。

それをしっかり記録にとってもらうのです。

研究主任として心に響いたことと分科会の振り返りをセットにして，遅くなりすぎないうちに研究通信として発行するのです。

他の教師たちも，ちょっと忘れはじめたときに研究通信が届けば，なつかしさとともに目を通してくれることでしょう。

「あ，研究主任はこんなところが一番心に響いたんだな。自分と違うな」

「分科会の意図はここだったのか。ちょっと勘違いしていたな」

「そういえばここ，見事だったなぁ。今度自分の授業でもやってみようかな」

そんな思いが生まれたら素敵ですよね。

ポイントは，押しつけがましくせず，Ｉメッセージで。

読んでもらってこその研究通信です。そこをお忘れなく。

（蓑手）

分科会・全体会・研究協議会

34 リフレクションで学びを共有しよう

研究協議会で学んだことや気づいたことを，みなさんはどうしていますか。ノートにメモをとっている方や，職員室に戻ってから同僚の先生に話す方もいらっしゃると思います。しかし，多くの方は研究協議会後に講師の先生の話を聞き，管理職による謝辞を聞いて終わりになっているのではないでしょうか。学んだことをアウトプットすることの大切さは，子どもたちにも日々伝えていると思います。どうお考えになりますか？

before

研究協議会で得た一人ひとりの学びがそれぞれのものにしかならない

after

研究協議会で学んだことは，その場で言語化し伝え合う

気づきを次への行動につなぐ

リフレクションという言葉をここ数年でよく目にするようになりました。教師教育の文脈で，ショーンの省察的実践家（Reflective Practitioner）という在り方が教師に期待されているように感じます。しかし，毎日の忙しさのため，過去のことはもちろん，たった今聞いたことまでも，振り返る機会が教育現場には少ないように感じます。教育行政などから一方的に「こうした方がいい，ああした方がいい」と言われることに慣れてしまわずに，自分

で考え続けられるように，短い時間であっても，考えたことを伝え合うとよいのではないでしょうか。リフレクションの中で，自分にとって大切なことは何なのかを言語化し，同僚の先生に伝えることで，お互いの教育観や授業観，子ども観を共有することができます。

コルトハーヘンは，リアリスティック・アプローチとして，以下のようなALACTモデルを提唱しています。

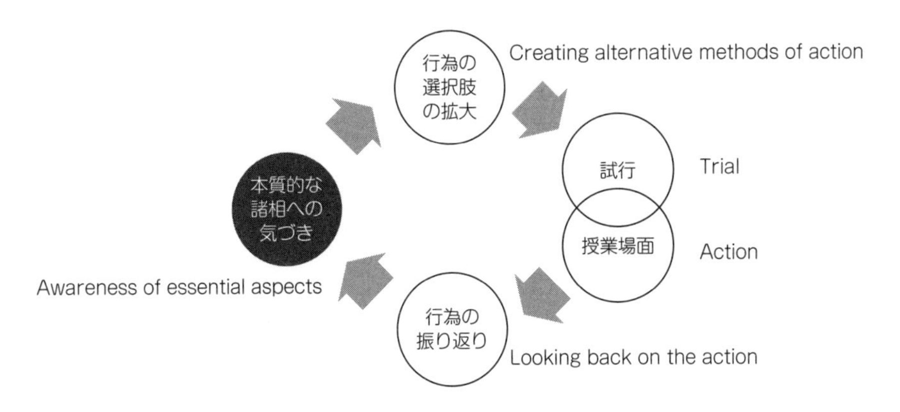

ここにある「本質的な諸相への気づき」が，次の日からの授業実践で「行為の選択肢を拡大」することになるのではないでしょうか。

研究協議会が終わった後の先生方の姿をイメージしてみましょう。一般的には，研究協議会の後に講師による講評があり，その後管理職の謝辞を聞き，終了になることが多いです。その後，「ああ，やっと終わった」とすぐに職員室に戻って，他の仕事をはじめることが多いと思います。研究協議会から学んだこと（特に講師講評の後に，授業参観と研究協議会では気づけなかったこと）を共有することはとても重要だと考えます。

講師講評の後に，気づきを記述するシートを用意して，そこに書き込む時間やペアで共有する時間を設けたり，グラレコを見ながら振り返り，学んだことを付箋に書いてグラレコの中の関連する部分に貼ったりするのも有効な手立てとなるでしょう。

（館野）

分科会・全体会・研究協議会

35 リフレクションで共有した学びは，自分の言葉でまとめて発信しよう

みなさんは，校内研究・研修で学んだことを，どのように整理し，自己の実践につなげていますか。研究授業の指導案や自分のノートにメモしたことを見返して，また別のノートにまとめて……，なんてやっている方がいらしたら，時間の使い方について教えていただきたいです。

before

自分の学びを自分の世界だけで閉じてしまい，自分の視点だけで完結してしまう

Update!

after

校内研究会で個々の学びを共有し，気づきを促し合う

あなたの言葉が，教育をアップデートする

私は情報発信をする際，いつも考えていることがあります。自分の学びを自分だけにとどめず，他者に開いて，みんなのものにするということです。

私の周りの教員の世界では，SNSを使って情報発信をされている方がたくさんいらっしゃいます。しかし，本書を手にとった方は当てはまらないかもしれませんが，SNSを恐ろしいものと捉え，自分の情報が誰かに抜きとられてしまうと考える方もいらっしゃるようです。また，完全にプライベートと仕事を切り離したいため，SNSを趣味の世界のみで利用している方も

いらっしゃいます。

　私は新しいもの好きなので，Webサービスやアプリなどは，少しでも役に立ちそうと感じたらすぐに利用してみます。もちろん，すぐに使わなくなってしまうものも多いですが，その中から毎日使うものや，業務を効率化したり，自分の人生を豊かにしたりできるものも見つかります。

　そうしたものはどこで見つかるかというと，SNSでどなたかが紹介しているものが多いです。年々たくさんの方とのつながりが拡がっているからだと思いますが，その頻度が多くなっているように感じます。

　研究主任の方が投稿した自校の取り組みをその日のうちに見られたり，読んだ本の紹介を見てすぐにネットショップで購入したりしています。自分の立場や環境が近い方とつながっていると，同じような悩みを共有できたり，新しい取り組みをまねさせていただいたりすることができます。

　校内研究会の場で，リフレクションとして学びを言語化し，校内の先生たちと研究だよりなどを通じて共有することはとても重要です。ただ，その学びを校内で閉じてしまうのは，非常にもったいないことです。ぜひあなたの学びや研究主任としてチャレンジした実践を教えていただきたいです。

　もうひとつ違った角度から考えると，情報のインプットとアウトプットの割合も重要です。多くの研究授業や研究協議会では，インプットの時間が長いことが多いと思いますが，その方法は，質の高いアウトプットにつながっていますか？　それは，SNSなどでの情報のシェアでもありますが，最終的なアウトプットとは，日々の授業です。日々の業務の中で，質の高いインプットとアウトプットを繰り返していくためには，校内研究において両者のバランスをとっていくことが必要だと考えます。

　質の高いアウトプットができるようになるためには，SNSなどでたくさんの生の情報を取り入れていくことと同時に，自分が学んだことを発信して共有財産としていくことが有効です。ぜひあなたの学びを，あなたの言葉を聞かせてください。

（館野）

研究授業

36 授業の見方を共通理解しよう

職場には，ベテランから初任者まで，幅広い経験層の教師がいます。多くの研究会に所属してきて「授業とは何か」について語れる教師もいれば，教科書の内容をたどるので精一杯な教師がいたっておかしくありません。

そんな多種多様な教師が，同じ授業を見て，同じ観点で語る。校内研究会はそういう中で進めているということを自覚する必要があるのではないでしょうか。

before

教師の経験によって授業の見方に差が出てしまい，発言量に影響している。「教える」「教えられる」が固定化された校内研究会

after

すべての教師が，自分が授業から感じたものを表現できる校内研究会

授業の見方について指導した・指導された経験は，どれだけあるでしょうか。場合によっては大学だけ，あっても教育実習のときや初任者研修のときくらいかもしれません。

校内研究の本質は，それぞれの教師が教師としての力を高めること。そう考えると，授業の見方を教え，活用する場にするとよいでしょう。

様々な考え方があると思いますが，例として挙げてみます。

①授業とは，子どもの変化や成長を期して行われる
→授業スタイルの成否は，子どもの変化や成長をもとに語ろう。
②授業は１つ，または２つのねらいをもとに構成されている
→何をねらいとした授業で，それが達成されたかどうかを見よう。
③参観の観点に絞って，自分の意見を構成する
→たいていの校内研究には，参観の観点がある。分科会からの提案であり，研究協議会では参観の観点を軸に議論が進行していくことが多い。指導技術や学級運営なども気になるとは思うが，あくまで参観の観点に沿って授業を考察しよう。
④指導案の「本時の展開」にどんどん書き込む
→授業を見る中で生まれた違和感や疑問，アイデアは，どんどん流れていってしまう。タイムラインに沿って，すばやくメモをとっていこう。
⑤子どもの表情が見える位置で参観する
→①でも述べたように，授業の本質は子どもの変化や成長。それを捉えるためには，教師の表情や動きが見えるところよりも，子どもの表情や動きが見やすい場所，つまり教室の前から参観しよう。
⑥子どもの作品や記述から，子どもの思考を分析する
→子どもが書いたものがあれば，しっかり目を通そう。そこから子どもの変化や成長が捉えられるし，説得力もある。
⑦疑問点や反対意見には，代替案も用意する
→うまくいかなかったところを後から批判するのは簡単。自分だったらどのように説明し，どう発問を投げかけるか。代替案についてもしっかり考えておこう。

すべての教師が，同じ観点で授業を見られると，安心して発言できるようになります。

（蓑手）

研究授業

37 観る・観られるポイントを絞ろう＆授業を見ながら，付箋にメモしよう

みなさんは，研究授業をどのようなポイントで参観していますか？　また，研究主任として，校内の先生たちにどのようなポイントで観ていただくと，有意義な時間をつくれると考えますか？

before

個々がばらばらの視点で授業を参観し，研究協議会の話題が焦点化できない

after

研究協議会で話し合うことを念頭に置きながら授業参観をして，付箋に書いたメモをもとに，活発な話し合いができる

研究授業を観る視点は，誰が決めていくとよいでしょうか。分科会で話し合ったり，授業者と研究主任で決めたりするなど，様々なやり方はあると思いますが，どんな形であれ，気をつけたいポイントがあります。

・研究主題・副主題，研究協議会で話したい内容とリンクしていること
・覚えられるくらいに簡潔な視点にすること
・視点は２つまでに絞ること
・当日の朝ではなく，余裕をもってお知らせすること
・指導案に明記したり，授業教室入り口に掲示したりするなど，授業を見ながら参観者の目に入るようにすること

このように大切なポイントを，授業を参観する視点として示しておくこと

は大切です。ただ，前述した通り，授業前・授業中の情報量が多くなれば多くなるほど，個々の情報は伝わりにくくなります。目の前の子どもたちや教師の姿に集中できるように工夫しましょう。

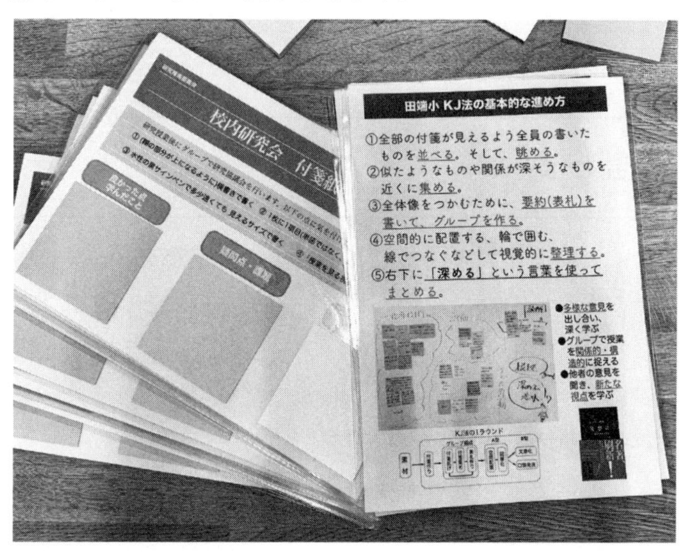

前任校や勤務校では，写真のような付箋にメモを書くためのツールを用意していました。こちらは１枚ずつラミネートして，毎回の研究授業の際に，教室の入り口にサインペンと一緒に置いておき，参観者のみなさんが手にとって，授業中または研究協議会がはじまる前の隙間時間に書けるようにしていました。どの色の付箋に何を書いたらいいのか，私はなかなか記憶できないため，こちらのシートに付箋の色と書くポイント（よかった点・学んだこと，疑問点・課題，改善案）を明確にしておくことで混乱が少なくなりました。研究協議会の後に，その場ですぐに付箋の補充を行えば，いざ書こうとしたときに「付箋がたりない！」ということを防げます。裏面にKJ法の進め方や模造紙の例を掲載すれば，「どうやって進めたらいいの？」という声に応えられると思います。ただ，付箋を使えばワークショップ型になるというわけではありませんので，お気をつけください。

（舘野）

研究発表会

38 一般的な研究発表会について知っておこう

研究発表会とは？

研究発表会，という言葉を聞くと，職員室に緊張が走ります。暗澹たる空気が満ち，そこかしこでため息がもれ，いてもたってもいられずソワソワする，胃がキリキリする，そんな戦慄の一大行事。

それもそのはず，研究発表会は，これまで学校で培ってきた教育活動が評価にさらされると捉えられているのです。

もしあなたが，研究発表会のある年に研究主任に任命されたのだとしたら，相当な期待をかけられていると思ってまず間違いないでしょう。

というのも，研究発表会とは校内研究という一分掌の枠を超えて，学校全体が評価されるものだからです。

その学校で日々どのような教育が行われ，その学校の教師にはどれだけの力量があるのか。

それをマネジメントする立場である管理職はどれだけの手腕でまとめているのか。

子どもはどれくらい育っているのか。

それがすべて，この１日で明るみに出るのです。

研究発表会と，その他の行事との違い

いやいや，行事なら運動会や学芸会だってあるじゃないか。そう思われる方もいるかもしれません。しかし，それは違います。

運動会は，体育の成果を発表しさえすればよいのです。最近の傾向では，体育の成果ですらないかもしれません。踊りをみっちり練習し，当日はおひろめの場。運動会の実行委員長は，各学年がスケジュールに沿って進められるように調整さえすればよいのです。

学芸会も同じです。劇や舞台発表は，いうなれば特別な演技です。指導は各学年，実行委員長はただまとめさえすればよいのです。

それなら，土曜参観があるじゃないか。土曜参観は，日々の授業を公開する場だろうという声もあるかと思います。

たしかに，土曜参観のメインは授業です。しかし，見にくる対象の大半が保護者という点が，研究発表会と大きく異なる点でしょう。

保護者の関心は，その多くが我が子の学習状況や学習環境。授業構成や指導技術ではありません。

もちろん，我が子の学習に満足できなければ，授業についてご意見いただくこともあるでしょうが……。

研究発表会は，見にくる対象が「他校の教師」なのです。同業者，言い換えればプロです。

授業とはどういうもので，どこに勘所があるのか。

この学校，この教師がどれほどすごいのか。

指導技術の何が盗めそうか。

そんな観点をもって参観にきます。

多くの地域では，自分の学校を午前授業に設定して，全員出張という形でやってきます。

わざわざ，仕事を置いてやってくるのです。それだけに，期待も大きいのです。

また，研究発表会は平均して４年に一度程度しかありません。

逆にいえば，研究発表会の１日で，４年の成果がすべて評価・判断されてしまうのです。

さらにいえば，授業はたいてい１コマ。たった１コマです。やり直しはできません。まさにオリンピックです。

ここまで読まれてきた方は，プレッシャーを感じるかもしれません。

もちろん，本書で書きたいことは研究発表会の本質であり，上記とは異なるものです。

しかしながら，研究発表会と聞くと，ベテランを中心に上記のような印象が強くもたれているものでもあります。アップデートするとしても，まずはこのことを理解しておく必要があるといえるでしょう。

位置づけについて確認しよう

さて，ここからは研究発表会の具体的な進め方について書いていきます。

研究発表会と一言で言っても，市内で輪番制で回ってくるものから，都道府県や国の特別な研究指定を受けたものまで，様々なものがあります。

今回の研究発表会がどこから委託されているもので，主に誰を対象に発表するものなのか。それをしっかり把握し，教師全体で共通理解を図っておきましょう。

次に把握しておくことは，その研究が何年分の成果を発表するものか，という点です。

たいていの場合，継続的に校内研究を進めてきた上での発表会，というケースがほとんどだと思います。

それが３年なのか，５年なのか，はたまたそれ以上続いてきたものなのか。

自分が研究主任になってからはじまった研究ならまだしも，それが途中から引き継いだものであった場合は，研究紀要や以前の資料をさかのぼって，どのように研究を積み重ねてきたのかについて確認する必要があります。

また，長く在籍している教師に，その頃の様子や経緯について聞いておくとよいでしょう。

テーマとの整合性を見直そう

子どものどんなところに課題意識をもって設定された研究テーマなのか。

どのような理想像を描いて研究してきているのか。

その中でどのような成果や課題が見られてきたのか。

最初から一貫して積み上げてきているのか，はたまた途中で軌道修正しているのか。

現時点で，当初と比べて理想像に近づいてきているのか。

その成果や課題は何なのか。

これらを明らかにしなければなりません。

特に，成果と課題の分析は念入りにしたいところです。

研究というのは，ともすると「うまく成果につながった気がする」「積み上げが子どもの成長に寄与している気がする」というように，「気がする」と思い込みやすいものです。

教育とは，一朝一夕で結果が出るものではないし，成長の多くが数値化できないものです。

ましてや，1年ごとに子どもは変わるし，研究以外の面での成長だって十分にありえます。

本当に，その研究をしたから子どもに力がついたのか。

そこに有意差はあり，客観性が認められるのか。

そう考えると，実はとても難しいものだということがおわかりいただけるのではないかと思います。

次項からは，研究発表会のアップデートについて書いていきます。一般的な考えを押さえつつも，これまでのものに縛られず，果敢にアップデートしていきましょう！

（蓑手）

研究発表会

39 まずは，基本の準備をしっかりしよう

研究発表の日から逆算する

「研究発表会は，校内研究会の延長」なんていわれますが，嘘です。確実に研究発表のある年は，雑務がたくさんあります。

研究発表がある年から準備するのでは間に合いません。

「研究発表がある」と決まった段階から準備しましょう。

また，市区町村で輪番で回ってくる研究や，文部科学省の指定を受けている研究などでは，もっと前から研究発表会がある年を予想することができます。見通しを立てる仕事は，研究主任が行うことです。見通しをもって行動しましょう。

基本の準備としては，決まった段階で最低ここまで行っておきましょう。

・研究発表会までに，あと何回授業ができるのか？
　（しなくてはならないのか？）
・研究発表会では，今の段階でどんな成果を発表しようと考えているのか？
　（何もなければ，仮説をしっかり立てて，実践する必要があります）
・次の年も同じ流れで研究するのでよいのか？
　（このままではまずい場合は，次の校内研究から修正が必要です）
・当日講師をしてもらうのは，今の講師の先生でよいのか？
　（講師発表が，研究発表の成功を左右します）

ここまでの大きな見通しができたら，まずは管理職，周りの先生と相談し

ましょう。当たり前ですが，あなたの研究発表会ではありません。チーム学校としての研究発表会です。あなたがやりたいことを全面に出し，周りが協力してくれない研究発表会ほど残念な研究発表会はありません。そして，見ている先生方にもそれは伝わってしまいます。

研究主任は，とにかく謙虚に，しかし先を見通しながら行動する必要があります。心は熱く，頭は冷静に，気配りしながら進めましょう。

研究発表会の１年前になったら，以下のことも考えていきます。

・研究紀要やリーフレットは，どのようにまとめるのか？
・授業者は全クラスにするのか？　授業をしない先生は当日何をするのか？
・当日の講師はどなたにするのか？
・子どもにはどのようなアンケートをとるのか？
・今の段階での仮説はどういうものか？　ここからどう検証し，成果と課題を出すのか？

研究発表会はゴールではない

計画的に準備をしますが，多くの先生がかんちがいしていることは，「研究発表会はゴールではない」ということです。

「研究発表会，よくがんばったねー」となりがちですが，これからもまだ研究していきたいと思う研究発表会でなければ，研究として成功とはいえません。

研究発表会は，教師が「やってよかった」と思うものが一番の成功だと私は思います。教育委員会や偉い人がよかったとほめることが成功ではありません。そこを間違えないように，教職員のみなさんに常に語り続けていくことも，研究主任の大事な仕事だと思います。

（庄子）

研究発表会

研究発表会のビジョンをもとう

研究発表会と聞くと，職員室に暗澹たる空気が立ち込めます。

その最たる理由が，事前準備や事務作業の多さです。案内の発送から研究紀要の作成，受付の仕方にいたるまで……数多くの仕事があるのは事実です。

これらを削減するには，「研究発表会の本質は何か」という明確なビジョンをもつことが必要不可欠です。

before

研究発表会のビジョンがないので，やることリストを上から順番にこなしていくだけになり，やることに追われ続ける

Update!

after

そもそもやる必要があるのか？　リスト自体を見直す目をもつためにも，ビジョンを共有する

研究発表会を行うとなると，一般的にまずすることが「前例探し」です。

同じ地域や研究奨励校などの研究発表会に実際に足を運んで視察したり，参考になる学校の研究主任にお願いして資料をいただいたりします。

もちろん，これはとても大切です。しかし，そこにとらわれすぎてはいけません。

例えば，そこに「やることリスト」のようなものがあれば，私たちは疑いなく上から順にこなしていこうと思ってしまいます。

例えば，受付や案内がとても気持ちのよいものであれば，同じことをしな

ければと思うでしょう。しかしそれでは，雪だるま式にどんどん仕事が肥大していってしまいます。

誰かの善意ではじめられただけの小さな改革（それはワクワク感を含むもの）が，いつの間にかノルマに変わり，ホスト側を苦しめるものに変わっていく……というのは，研究発表会に限らず，私たち教師の仕事には多く見られることですよね。

他校は他校，自校は自校です。

まずはゼロベースで，その一つひとつが本当に必要かを洗い出してみましょう。その際に大事な視点となるのが「何のための研究発表会か」です。

まずは自分の中で，ビジョンをもつ

何のために研究発表会をするのでしょうか。

いろいろな考えがあるかもしれませんが，私は「指導法や授業形態について広く問題提起し，教育をとりまく多くの人とともに考えるため」だと思っています。

子どもたちにこんなアプローチをしたらこうなりました，この結果から何が見えますか。それを，子どもの事実として提案する場であると考えます。

このように，研究主任がまず「何のための研究発表会か」についてのビジョンをもつことが大切です。

「研究」

予定調和ではない，
先行実践も何もない「未知」への挑戦。
２年間の成果。
道標は子どもの姿。
第一線の事実こそ，すべて。

（蓑手）

研究発表会

41 研究主任が捨てる勇気をもとう

ビジョンが決まれば，次は日程に落とし込む作業です。
研究発表会が敬遠される理由，それは仕事量の膨大さにあります。
限られた時間で本質に注力するためには，捨てる勇気が必要です。

before

全員が研究発表会に向けての準備や事務作業で疲弊し，授業内容にまで手がまわらない

after

授業者がしっかりと授業のことだけを考えられ，子どもの事実で研究内容を提案できるように，勇気を出して捨てられるものはどんどん捨てる

ビジョンが確定したら，それを基準に「何をやるか」を決めましょう。あれもこれも……とよくばり，結局何も削れなかったというのはよくある話です。ここでは思いきって，本当に大切なこと以外すべて削る気持ちでいきましょう。

その上で，管理職と相談しましょう。校長は学校の顔。研究発表会は，校長にとっては学校そのものを評価されるようなものです。

あれもこれもとなってしまっては，教師の負担が倍増し，モチベーションが低下し，ビジョンがぼやけます。どこまで粘り強く語り，同意を得られるかが重要になります。

管理職には，前例として他校ではどんなことを準備して，当日はどんな発表であったか，それに対する内部の教師の本音を情報として示せるようにしておきましょう。

同じ地区で，当時研究主任を務めていた人とつながりができていると，とても有益な情報がもらえるでしょう。

なぜなら，研究主任は職員室の空気を感じながら，調整や事務作業の大変なところを担っていることが多いからです。

よかったことも聞けると思いますが，それよりも大切なのはデメリット，つまり大変だったことや必要なかったと思うこと，労力のわりに効果が薄いと思うものです。そこに，改革の余地があるのです。

場合によっては，なかなか教えてくれないかもしれません。

他言しないこと，あくまで自分たちの研究発表会に生かしたいこと，これから研究発表をすることになるすべての学校にとってよりよい研究発表会になるようにしたいことを，真摯に訴えましょう。きっと協力してくれるはずです。

情報を集めたら，まずは管理職にプレゼンする

集めた情報をわかりやすくまとめ，管理職と相談します。

自分の考える研究発表のビジョンを語り，そのためにはこの部分を削り，核となる部分に注力する必要があること，これだけのことをやってしまうと教師のモチベーション低下を含め，このようなデメリットがあったらしいという事実をしっかり伝えましょう。

場合によっては「働き方改革」を前面に出してもよいかもしれません。

研究発表準備の煩雑さは校長ならきっと経験があるはずです。賛同してくれることも多いかもしれません。

組織の最終決定者は校長です。

校長がGOを出してくれるかどうかは，今後にかかわる大きなことである

と意識し，十分準備して臨みましょう。

もしうまく校長を説得する自信がないようであれば，力のあるベテランの先生に先に相談するという方法もあるでしょう。

職場の教師は全体的に研究発表会に関してこのような印象をもっているようですよ，という情報も準備しておくと効果的です。

管理職には，その辺りが見えにくいこともあるようです。

あくまでも，自分だけの意見ではないことを強調しましょう。

具体的に考えておくこと

事前に相談しておかなければならないことの中でも重要なのが「誰が授業を行うか」です。

全員行うのか，３分の２ほどなのか，学年で１人でいいのか。

言わずもがな，授業を考えて行うことが大きなウェイトを占めますし，役割分担をする上でも十分に考慮しなければいけないことです。

もし，当日に授業を行わない教師がいるのであれば，周りの事務的なことを思いきってお願いしてしまいましょう。

どうしたって，授業をする人としない人とで意識の格差は生まれてしまいます。

授業者には授業づくりに集中してもらい，授業をしない人たちにその他の事務的なことをしてもらう。

それぞれの教師が分担することで，全員でつくり上げる研究発表会が実現しやすくなることでしょう。

（養手）

令和元年５月２０日

各教育委員会教育長様
各小中学校（園）長様
関　係　各　位

小金井市教育委員会教育長　大熊　雅士
小金井市立前原小学校長　櫃原　延和

平成３１年度 小金井市教育委員会 授業改善推進指定校・ICT 活用授業推進校
（平成２９･３０･３１年度 総務省「スマートスクール･プラットフォーム」実証事業指定校）

研究発表会の御案内（最終）

研究主題

21 世紀を拓く新しい「学びの創造」

— 総合的な学習の時間における**プログラミング授業**を通して —

令和元年６月２８日（金）11:25〜16:45

11:00　11:25　12:10　13:50　14:35　15:10　15:30　16:40　16:45

受付	公開授業①	昼食休憩	公開授業②	体験会※1（各教室）	研究発表会	鼎　談 ※2	謝辞

◇ 体験会※1　各教室にて、実際にプログラミング教材を手に取って体験していただけます。
◇ 鼎　談※2　テーマ 「プログラミング授業を通して考える『新しい学び』と

【 大熊 雅士 × 松田 孝 × 蓑手 章吾 】

小金井市立前原小学校
〒184-0013　東京都小金井市前原町３－４－２２
電　話　042-383-1146　Eメール　kksidou0601
ファクシミリ　042-382-2046　問い合わせ　副校長 今井
交　通　JR 中央線 武蔵小金井駅 南口徒歩１４分

大熊　雅士
（小金井市教育委員会教育長）

松田　孝
（小金井市教育 CIO 補佐官、前原小学校前校長）

蓑手　章吾
（前原小学校第５学年主任、研究推進委員長）

公開授業予定

クラス	4校時（11:25〜12:10）				5校時（13:50〜14:35）			
	授業者	単元名	教材	場所	授業者	単元名	教材	場所
1年1組	河内　良子	チャレンジ！プログラミング	IchigoJam Lチカ	教室				
1年2組	有馬　大将	チャレンジ！プログラミング	IchigoJam Lチカ	教室				
1年3組					中堀　美佳	チャレンジ！プログラミング	IchigoJam Lチカ	教室
2年1組					石井　美景	走れ！カムロボ	カムロボット	教室
2年2組	杉田　雅春	走れ！カムロボ	カムロボット	教室				
2年3組					久保　理恵	走れ！カムロボ	カムロボット	教室
3年1組					三品優太朗	micro:bitで遊ぼう	micro:bit	教室
3年2組	松岡　聡美	micro:bitで遊ぼう	micro:bit	教室				
3年3組					中畑　南海	micro:bitで遊ぼう	micro:bit	教室
4年1組					井上　里奈	IchigoJamで遊ぼう	IchigoJam BASIC カムロボット	教室
4年2組	石川　聡枝	IchigoJamで遊ぼう	IchigoJam BASIC カムロボット	教室				
4年3組	大澤　靖久	IchigoJamで遊ぼう	IchigoJam BASIC カムロボット	教室				
5年1組					蓑手　章吾	とべ！ドローン	IchigoJam BASIC	教室
5年2組					佐藤　祥子	とべ！ドローン	IchigoJam BASIC	教室
5年3組					東川　琢真	とべ！ドローン	IchigoJam BASIC	教室
6年1組					安西　慎仁	RPGを楽しもう	HackforPlay	教室
6年2組					亀山　高大	RPGを楽しもう	HackforPlay	教室

研究発表会

ワクワク感を喚起するプレゼンをしよう

校長との擦り合わせが終わったら，いよいよ教師に対してプレゼンをします。

校長のおすみつきもあるので，大胆に，かつ共感してもらえるような共有方法を心がけましょう。

教師一人ひとりに伝わったかが，研究発表会の成否を決めます。

before

研究発表会のビジョンが曖昧なので，「やらねばならない」ことばかりを周知し，押しつけになる研究全体会

after

すべての教師の前でプレゼンし，ワクワク感を喚起するとともに，主体性をもってもらうための，ビジョンのある研究全体会

校長からOKをもらったら，それをもとに日程に落とし込みます。

研究発表会までにどのような作業が必要であり，誰がやってくれているかを共有できる形でつくりましょう。

日々の担任業や授業をやりながら，同時進行での作業となっていくので，どうしても自分の担当以外の作業や全体の進捗は見えにくくなります。

ここで作成する日程表は，自分にとっても準備を進めていく上で大きな助けとなります。

研究主任にとって，最も大切な仕事は「判断」と「鳥瞰」です。

全体がどのように動いているか，どこかに見落としやとどこおりがないか，不満や葛藤が起きていないかを確認し，必要な場やタイミングで助言や支援や判断をします。

これこそ研究主任にとって一番必要な資質です。もっと言えばそれ以外の仕事，ふれる仕事はどんどん他にふっておくべきだと思っています。

研究主任が抱えすぎない，ふるのをためらわない，これも発表会の成功に向けてとても大切なことだと思います。

プレゼンで心がけること

ここまで資料ができたら，いよいよ全教師に周知，共有します。

年度はじめの，忙しい中での貴重な時間です。

端的に，わかりやすいプレゼンを心がけましょう。長くなると逆効果です。やるべきことは３つ。

１つ目は，研究発表会への暗澹たる意識を少しでも改善することです。思ったより大変じゃないかという気持ちから，ワクワクしてきた，という気持ちになるように意識します。

２つ目は，全教師が見通しをもてるようにすることです。自分が何を担当して，いつまでに誰と何をしなければならないのか，他ではどのようなことが進行していくのかという見通しをもつことができると，人は安心します。

３つ目は，何のための研究かというビジョンを共有することです。研究発表会までは長い道のり，きっと何度もぶつかったり，不安になったりすることがあるでしょう。そんなときに，道標になるものがビジョンです。そもそも何のための研究か，そこまで立ち戻って語り合うことができれば，必ず道は開けると思います。

（蓑手）

研究発表会

43 研究主任にしかできないことに力を注ごう

研究発表会に向けて，研究主任にはやらなければならないことが山積みです。その中で，何を優先的にやっていくべきなのでしょうか。

授業を支えるのは授業者です。そんな授業者を支えるのが研究主任の仕事です。

無理なく，集中を途切れさせず，常に優先順位を意識して続けていきましょう。

before

研究主任が誰にでもできることまで請け負ってしまい，事務作業や調整に忙殺される

after

誰かが誰かに頼れる，持続可能な研究にするために，担当を分担して，研究主任の仕事を軽減させる

研究全体会で，研究発表会についての共有がすんだら，できることからはじめていきましょう。

研究主任にとって大切なことは，はやめはやめに動くことです。

何かお願いしたいことや相談したいことが出てきたときに，それにどれだけ時間的余裕があるかは教師のモチベーション維持にもかかわります。

他の教師が先に不備不足に気づき，研究主任が判断を迫られる……というばかりでは，信頼も揺るぎかねません。

自分が担当していない分掌は，見えにくいものも多いことでしょう。
全体の掌握に必要なのは，とにかくたくさん声をかけることです。ポイントは「短時間×多回数」です。

とにかく声をかける，そこからはじめよう

前述したように，それぞれの教師には研究発表会の準備以外にもやらなければならないことが多くあります。
そんなときに「あれ，やった？」「次はこの仕事ね」とばかり声をかけられたら，誰だって嫌になるものです。
ふとしたときに「研究発表，どんな感じ？」「なんか困ってることある？」くらいの声かけをしましょう。できるだけ，満遍なく。
「大丈夫です！」と返ってきたら，そこまで。それ以上の追及は必要ありません。
もしその人がすっかり忘れていることがあったとしたら，その声かけだけで思い出すかもしれません。後回しにしていたら，再び意識してくれることでしょう。それでよいのです。そのうち，あいさつしたり顔を見たりするだけで「あ，研究発表会の準備！」と思ってくれるようになるかもしれません。
日々声かけをしておけば，いざ困りごとや相談したいことが出てきたときに気軽に聞いてもらえるようになります。
忙しそうに見えたり，気をつかって研究発表会の話題を避けたりしていると「これくらいのこと，相談できないよな……」と思われかねません。
それが大きな問題につながる，というのもよくある話です。
気軽に相談できる関係は，このようなたわいない声かけからはじまるのです。

（蓑手）

研究発表会

やってよかったと思える研究発表会にしよう

いよいよ研究発表会です。

このいわゆる突発的イベントを，どのように日々の教育活動に生かすことができるでしょうか。

終わりよければすべてよし，ではありませんが，教師にとっても「やってよかった！」と思える研究発表会になるようにしたいですよね。

before

まとめをしっかりしないので，「やっと終わった」と締めつけから解放されるだけの研究発表会

Update!

after

「やってよかった！」と，大人にとっても子どもにとっても明日につながる研究発表会となるよう，実施後はみんなでねぎらい合うことを予定しておく

とうとう研究発表会前日となりました。

これまで，苦しいことも乗り越えながらここまできました。

きっとうまくいかないことや，つらいこともあったでしょう。

明日でいよいよ終わりだ，そんな思いは自分に限らず，他の教師も同じかと思います。

リハーサルで，まとめをする機会もあることでしょう。

ここで何を語るか。これまでの苦労を労うか，はたまた気持ちを引き締め

直すか。

実は，この時点で教師ができることは半分以上終わっているのですよね。

どこまで子どもたちを育て上げることができたか。それが当日問われるわけです。

これから教師がどうあがいても，できること，ごまかせることは限られています。

前日に，研究主任がすべき最も大切なこと

中には「なんとか，よく見せたい」と思う教師もいることでしょう。そこも含めて，今一度ビジョンを語ってください。

「明日の発表は，子どもたちと一緒に問題提起する時間です。これまでやってきたことに自信をもち，参観者と考える時間にしましょう」と。

どんな結果でも「やってよかった！」と思えること。これは子どもだけではなく，教師にとっても大切な達成感です。研究発表会をやってよかった！この気持ちが，明日以降の授業につながっていきます。

研究発表会はゴールではありません。子どもたちにとっては同じ１時間の授業であり，明日以降につながるのです。私たち大人の都合で一区切りつけるべきではありません。他の教師にも，それくらいの気持ちで挑んでもらえるとよいですよね。

当日の発表が終わったら，思う存分労いましょう。よかったことを存分にほめ，明日への活力としましょう。失敗はありません。ここまでやってきたことを，誇りにしましょう。

よかったこと，こうしたらもっとよくなることをまとめておくとよいですね。きっとすぐに研究発表会をすることはないでしょうから。

ビジョンをもって取捨選択し，役割分担をして協力して１つの発表を成功させたという経験は，他の学校行事にも生かせるものだと思います。やってよかったが増幅する研究発表会になるとよいですね。（蓑手）

ICT

45 指導案を電子化しよう

研究授業で最も大きなウェイトを占めるのが指導案づくりです。

授業者が，教科書や指導書，参考文献とにらめっこし，たたき台をつくり，印刷し，訂正し，また印刷し……この作業，他の方法はないか考えてみてもよいかもしれません。

before

指導案は授業者がつくるものという前提を崩せず，指導案づくりで精力を使い果たしてしまう

Update!

after

授業者の負担を減らし，時や場を選ばずみんなでつくり上げる指導案にするために，指導案を電子化する

研究授業において，最も時間と労力のかかる作業，それが指導案づくりです。そしてその作業の大半を，授業者が請け負っているのが現状です。

ただでさえ授業や学級づくりでプレッシャーがかかる授業者が，細かな文章表現を細部にいたるまで考え，構成・修正を繰り返すのではあまりにも不平等です。

研究授業とは，分科会のメンバーの知恵を結集させてつくり上げるものです。それは指導案についても同様であるべきです。

そこで活用したいのが，ICT の力です。

昨今の職員室のパソコンには，共有フォルダといって，同じ学校の教師な

ら誰でも開けるファイルがあります。その中に指導案を入れて，共有しておきましょう。

分科会で話し合い，項目を分担するのもよいと思います。

子ども観は授業者が書くとしても，教材観や単元指導案は，話し合いさえできていれば授業者が書かなくてはならない理由はありません。

みんなで協力して指導案をつくる。その中でこそ，よいコミュニケーションが生まれます。

Google ドキュメントを活用しよう

場合によっては，職場以外でも指導案づくりをしたいという状況もあるでしょう。そんなときに便利なのが，「Google ドキュメント」です。

Google ドキュメントを使うと，複数人が同じ文章を加筆・修正することができます。同じタイミングでの編集も可能です。

Google ドキュメントはクラウド上にデータがあるため，インターネットにつながるパソコンであればどこからでもアクセスできるのが強みです。

デメリットは，たいていの職員室にあるパソコンでは，Google ドキュメントのままでは保存できないことでしょうか。その場合は，ある程度完成したら一度 Word にコピーする必要があります。

とはいえ，指導案を誰もが編集でき，最新の状態で共有できるので，負担が軽減されるとともに，分科会で協力する上でも大きな利点となるでしょう。

印刷の度に紙がむだになるのも避けられるので，一石二鳥です。

（蓑手）

ICT

schoolTakt を使おう

研究授業の後の定番といえば，研究協議会です。提案された授業をもとに，子どもの姿や教師の手立てについて全体で検討します。

疑問や忌憚のない意見が活発に交わされ……ればよいのですが，関係性や恥ずかしさ，同じ職場だからこそ言いにくいことなどもあり，なかなか話し合いが活性化しないのが現状ではないでしょうか。

before

言葉だけで研究協議会を進めてしまうので，特定の教師だけが話し，それ以上なかなか活発にならない

after

一人ひとりの意見や思いが共有され，安心して意見を言い合える研究協議会になるように，schoolTakt を使う

なぜ，研究協議会では意見が出にくいのでしょう。その理由を考えることが，解決への第一歩です。

多くの場合，「こんなことを聞いたら，恥ずかしいかな」「わざわざ発表するほどのよいアイデアじゃないだろうな」「つっこんで聞かれたら嫌だな」と思っていることが多いです。

しかし，これがわかったからといって，解決するのは簡単ではありませんよね。一般的には，安心して発言できるよう繰り返し声をかけたり，アクティビティを通してリラックスして参加できるような環境をつくったりします

が，それでもなかなか難しいもの。

そこで，ICT の力を借りようというのが今回の提案です。

「schoolTakt（スクールタクト）」という，授業支援システムがあります。株式会社コードタクトが提供しているサービスで，インターネットにつながる端末（パソコンやタブレット，スマートフォンなど）さえあれば簡単に使えるのが最大の強みです。

例えば30人参加する場合，ホストが課題を作成します。配信すると，参加者それぞれの画面に課題が映し出されます。

参加者がタイピングや手書きで意見を書き込むと，リアルタイムでページが更新されていきます。相互に閲覧できるモードにすれば，画面が人数分に分割されて，全員の画面がリアルタイムで閲覧できます。ホストだけでなく，参加者同士で「いいね」したりコメントを書き合ったりもできる優れものです。

このシステムを活用すると，発言者は手を挙げたり，全体の前でしゃべったり，全員に聞いてもらったりする必要がなくなるので，意見を表明するハードルが大きく下がるのです。

私の勤務校でも，研究協議会に schoolTakt を導入しています。

勤務校での schoolTakt 活用事例（事前準備～研究授業）

研究主任が前日までに，その授業の観点や書いてほしい項目を設定し，課題としてすべての教師に配信します。ICT 機器が苦手な先生には，事前に課題の見方や書き方などを確認してもらうこともできます。

研究授業当日，本校では iPad を持ち込み，気づいたことを書き込みながら参観してもらいます（本校では１人１台 iPad が配られていますが，個人のスマートフォンでも問題ありません)。そうすることで，後で書き込む時間を短縮できますし，若手の先生たちはベテランの先生のコメントがリアルタイムであがってくるので，副音声を聞きながら授業を見ているような状態となり，授業の見方をその場で学ぶことができます。

よく，研究授業中に参観者がコソコソしゃべっている光景を見かけますよね。あれは授業者からすると，あまりよい気はしません。そういう意味でも，端末上で無音で会話ができることは，大きなメリットといえるでしょう。

授業後，研究協議会がはじまるまでの間に書ききれなかった項目を埋めてもらいます。そうすると，協議の時間を十二分に使えるようになるからです。

勤務校での schoolTakt 活用事例（研究協議会）

研究協議会がはじまったら，大画面に全員の意見が分割された画面を投影します。そして，参加者である先生たちがお互いの意見に目を通す時間を確保します。

この時間に，進行役は全体の意見の傾向や共通する疑問などを洗い出しておきます。

研究協議会がはじまったら，まずは疑問点から解決していきます。疑問を書き込んだ人を指名し，適宜授業者や分科会に答えてもらいます。

もちろん，途中で発言したくなったら挙手してもらってかまわないことを告げておきましょう。書いていなかったことや，その場で思いついたことにも大きな価値があります。

関連する疑問や意見については，その場で取り上げた方が話し合いの軸がブレず，わかりやすいことが多いです。

その後，共通する意見を中心に指名し，研究協議会を進めていきます。すでに書かれ，共有されている意見なので，指名されても嫌がったりとまどったりされることはほとんどありません。

普段なら，時間の関係で聴くことができないような，全員の意見が表明されるという点が最も大きなメリットでしょう。自分と同じ考えの人がいたら「いいね」を押したり，他の先生の疑問や誤解には個別に答えたりすることも可能です。また，データとして保存しておけるので，研究協議会が終わった後でも全体の意見をじっくり振り返ったり，個別の質問に答えたりすることもできます。

すべての教師が自分の意見を表明した上で，同じ方向を向いて研究を進める。これこそ校内研究で最も大切なことだと思うのです。

（蓑手）

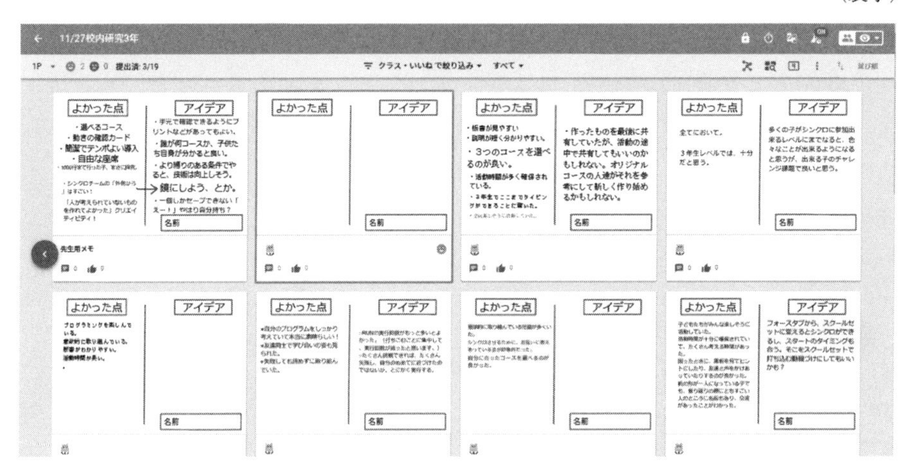

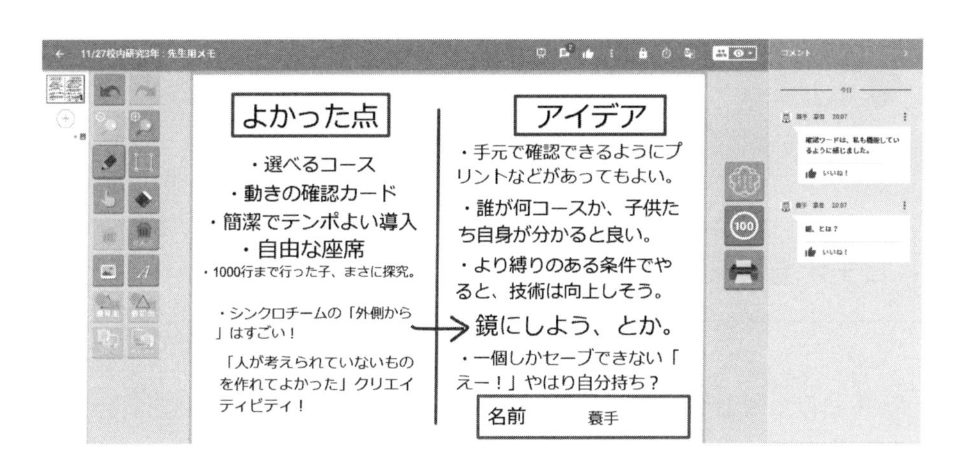

ICT

Zoom を使おう

みなさんは，ビデオ会議をしたことがありますか？　校内研究において，同僚の先生方や講師の先生とコミュニケーションをとることはとても重要です。これは，校内研究に限ったことではありませんが，技術の進歩により，実際に顔を合わせなくても，あるいは足を運ばなくてもすませられることも多いと感じます。研究を効率的に進めるためにも，校内・校外とのコミュニケーションをビデオ会議でとってみませんか？

before

場所や時間の制約があり，分科会や講師の先生とのコミュニケーショがうまくとれない

after

ICT ツールで，遠隔地の人と顔の見ながらコミュニケーションをとる

ビデオ会議を当たり前に

スマートフォンの普及により，ビデオ通話を行ったことのある人は数年前よりも格段に増えていると思います。私もよく家族とビデオ通話を行います。「いつ帰ってくるの？」「(スーパーなどで）どれを買って帰ればいい？」など，日常の中で当たり前のように使っています。

それを校内研究にも生かせないでしょうか。自宅で子どもの世話をしなが

ら放課後の話し合いに参加したり，（講師の先生の考え方にもよると思いますが）講師の先生から授業者を含めた分科会の先生に対して事前授業の終了後にアドバイスをいただいたりすることもできます。指導案についてのフィードバックを事前にお願いして，相談にものっていただけるかもしれません。よりよい授業をしたい，研究授業を通してたくさんのことを学びたいという思いは，どなたもおもちだと思います。Zoomというアプリを校内の端末にインストールすればURLを共有することですぐにビデオ会議をはじめられます。

私は，ある教育団体で「未来の先生塾」というオンラインサロンを運営しています。共著させていただいている庄子先生も運営メンバーのひとりです。こちらのオンラインサロンでは毎週夜に全国の先生や教育関係者の方とオンライン対話を行っています。北海道から鹿児島県まで，中には海外の大学で教鞭を執っていらっしゃる方も参加してくださっています。もちろんオンライン上でしか会ったことのない方も何人もいらっしゃいますが，毎週のように話していると何年も前からの知り合いのように感じられることも多いです。オンライン上で出会った方を講師として呼んだり，ある方と話してみてもっと学びたいと思った方が，その方の著書をその場でクリックして購入したりということも頻繁に起こっています。今後5Gが普及して，より高速なインターネット接続ができるようになれば，今よりもさらにビデオ通話が当たり前になってくると感じています。オンラインで遠隔地の方と授業研究をするなんて，ワクワクしませんか？

（館野）

ICT

48 ロイロノート，LessonNote を使おう

全国の学校で１人１台パソコン・タブレットが用意される教育環境になるのが数年後となり，各学校や自治体でもその準備が進められていることと思います。みなさんは教育に関するアプリをいくつ知っていますか。まずは教師がICTのよさを実感し，道具として使いこなしていくことで，授業での活用も進み，授業改善につながっていくことでしょう。

before

指導案にメモをとるけれど，研究協議会で相手に伝える際に，具体的な子どもの姿が見えづらい

after

アプリの力を使い，授業後の研究協議会で，具体的な子どもの姿をわかりやすく伝える

まずは教師がICTを使いこなす

パソコンやタブレットのアプリは日々アップデートを重ねており，今すぐにでも活用できるものもたくさんあります。家庭学習で使ったり，授業で子どもたちが使ったりするものは多いですが，教師が使うものはそこまで多くありません。ここでは，校内研究で使える２つのアプリを紹介します。

１つは，「ロイロノート」です。これは，写真や動画，文字，声などを使

ってプレゼンテーションを作成できるアプリです。思考を可視化したり，素材（カード）を集めて子どもたちがグループ・プレゼンテーションを作成したりすることが容易にできます。PowerPoint や Keynote よりも入れ替えやデータの受け渡しを簡単に行えます。こちらで授業参観をしながらプレゼン資料を作成し，研究協議会のグループでの話し合いで，画面を見せながらプレゼンをしたり，各自で用意したカードを集めてグループからの発表をしたりすることができます。自治体で導入している場合や導入しやすいプランも用意されているので，ぜひ調べてみてください。

もう１つは，授業研究に特化したアプリ「LessonNote」(http://www.lsalliance.org/　販売：Lesson Study Alliance）です。こちらは，座席表や時間の記録が見やすくなっており，子どもの様子を写真やメモで記録できるようになっています。アカウントを取得すると，Web ブラウザからも参照できたり，記録したことを PDF で出力して保存したりすることもできます。LessonNote は，大変多機能なアプリのため，ICT 機器に慣れていない先生方が多い現場には向かないかもしれません。

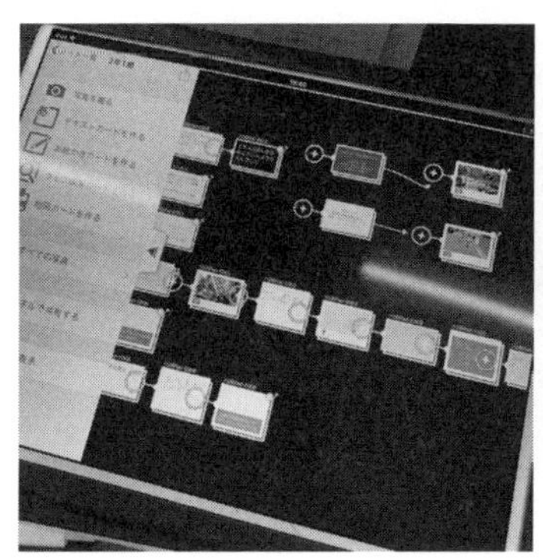

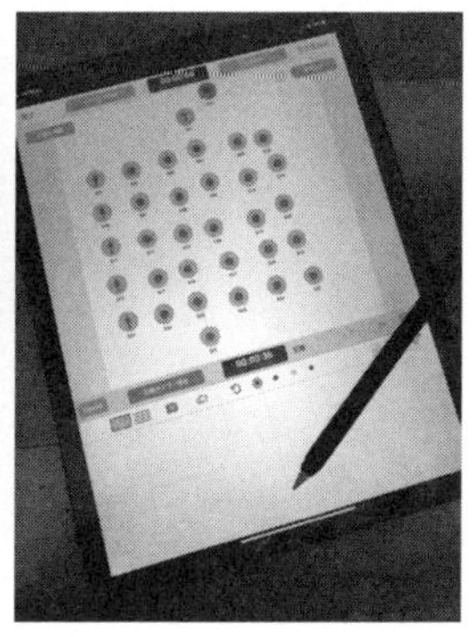

校内研究を ICT の力を使って効率的にし，授業を見る力と授業から学ぶ力を培っていきたいと思います。他にも様々なツールがあると思います。ぜひ教えてください。

（館野）

【著者紹介】
庄子　寛之（しょうじ　ひろゆき）
東京都公立学校指導教諭。前女子ラクロス19歳以下日本代表監督。著書に『学級担任のための残業ゼロの仕事のルール』『教師のための叱らない技術』（いずれも明治図書）など。現在も研究主任として，新しい職員のためになる校内研究を模索中。

蓑手　章吾（みのて　しょうご）
教員14年目。特別支援学校でのインクルーシブ教育や発達の系統性，学習心理学に関心をもち，教鞭を執る傍ら大学院にも通い修了。全国から注目されるICT教育推進校の東京都小金井市立前原小学校において，ICT推進主任を務めている。

館野　峻（たての　しゅん）
東京都公立小学校教論。NPOや地域のボランティアなどに積極的に参加し，社会と学校をつなぐ活動を行う。edcamp ITABASHI実行委員長。一般社団法人Teacher's Lab.にて，オンラインサロン「未来の先生塾」を主宰する。

before & after でわかる！
研究主任の仕事アップデート

2020年7月初版第1刷刊 ©著　者 庄子寛之
2021年8月初版第2刷刊　　　　 蓑手章吾
館野峻
発行者 藤原光政
発行所 明治図書出版株式会社
http://www.meijitosho.co.jp
（企画）茅野　現（校正）嵯峨裕子
〒114-0023　東京都北区滝野川7-46-1
振替00160-5-151318　電話03(5907)6702
ご注文窓口　電話03(5907)6668

＊検印省略　組版所 日本ハイコム株式会社

Printed in Japan　ISBN978-4-18-084820-1